Turbo Pascal 6.0

griffbereit

EKKEHARD KAIER

Inhaltsverzeichnis

1. Auflage 1988
Nachdruck 1988
2., überarbeitete Auflage 1989
3., überarbeitete und erweiterte Auflage 1989
Nachdruck 1990
4., überarbeitete und erweiterte Auflage 1991

Der Verlag Vieweg ist ein Unternehmen der Verlagsgruppe Bertelsmann International.

Softcover reprint of the hardcover 4th edition 1991

Umschlaggestaltung: Ludwig Markgraf, Wiesbaden

ISBN-13: 978-3-528-34606-5 e-ISBN-13: 978-3-322-87786-4
DOI: 10.1007/978-3-322-87786-4

1 Übersicht

In dieser Broschüre finden Sie alle Sprachmittel der Programmiersprache Turbo Pascal *(bis einschließlich Version 6.0)*: Anweisungen, Datentypen, Datenstrukturen, Debugger-Befehle, Geräte-Dateien, Grafik-Unterstützungen, Konstanten, Funktionen, Menübefehle, Objekte, Operatoren, Overlays, Prozeduren, reservierte Wörter, Standard-Units, Turbo-Dateien oder Variablen.

Schlüssel für das Arbeiten mit Pascal (Abschnitt 2):

In diesem Indexschlüssel finden Sie Verweise auf die einzelnen Sprachmittel. Zwei Beispiele: Wenn Sie eine Ausgabe zum Drucker umleiten möchten und dazu die Anweisung nicht kennen, dann schauen Sie unter "Drucken" im Schlüssel nach. Das Stichwort "Heap" verweist Sie unter anderem zur Speichermodell-Darstellung.

Alle Sprachmittel von Turbo Pascal (Abschnitt 3):

Zu einzelnen Sprachmitteln sind folgende fünf Punkte wiedergegeben:

1. Befehlswort (z.B. *Arc*) mit zugehörigem Anwendungsgebiet (z.B. *Grafik-Prozedur, Graph, 4*); für *Arc* wird also die Standard-Unit *Graph* benötigt, die erst ab der Version 4.0 verfügbar ist. Als nächstes Sprachmittel ist nochmals *Arc* angeführt, nun aber mit dem Vermerk *Grafik-Prozedur, Graph3*; aktivieren Sie die Unit *Graph3*, dann können Sie ab Pascal 4.0 auch die zur Version 3.0 kompatible *Arc*-Prozedur aufrufen.
2. Allgemeines Aufruf-Format **in dieser Schrift**.
3. Erläuterungen zum allgemeinen Format.
4. Anwendungsbeispiel(e) `in dieser Schrift.`
5. Vereinbarungsformat allgemein *in dieser Schrift*.

Die Sprachmittel sind wie folgt beschrieben:

- Befehlswort	In Versalien angegeben
- "3", "4", "5", "5.5", "6"	Ab Version 3.0, 4.0, ...
- Reservierte Wörter	In Großschreibung
- () als Klammern	Von Ihnen einzutippen
- [ ] (Befehlswort)	Optionale Befehlsangabe
- "/" (Einzelzeichen)	Für "entweder / oder"
- { }	Kommentar im Text
- [ ]	Index (Array, String)
- b	Variable Boolean-Typ
- c	Variable Char-Typ
- i	Variable Integer-Typ
r	Variable Real-Typ
- x	Variable numerischer Typ
- w	Variable Word-Typ
- Ordinaler Typ	Wie "Skalar-Typ"
- Arr als Endung	Array-Typ (z.B. ArtArr)
- Rec als Endung	Record-Typ (z.B. TelRec)
- Fil	File-Typ (z.B. TelFil)
- tAdr	t für "Typ" bzw. "Datentyp"

2 Schlüssel für das Arbeiten mit Pascal

3 Alle Sprachmittel von Turbo Pascal

& Standard-Symbol

&Bezeichner
Stellt man das Et-Zeichen & vor ein reserviertes Wort, dann wird es wie ein selbstdefinierter Bezeichner behandelt.

```
&CH                     {Variable CH ansprechen, nicht aber Register CH}
```

. Standard-Symbol

Bezeichner1.Bezeichner2
Durch Voranstellen eines Punktes "." nimmt man auf Bezeichner gleichen Namens eindeutig Bezug (Qualifizierung). Bezeichner1 kann eine Datenstruktur, Unit oder Routine sein:

```
Auftrag := 300;             {Variable Auftrag im aktiven Block}
Kunde.Auftrag := 10;        {Variable Auftrag von RECORD Kunde}
Graph.CursorY := 199;       {Variable CursorY von Unit Graph}
Crt.CursorY := 25;          {Variable CursorY von Unit Crt}
Proc1.y;                    {Variable y von Prozedur Proc1}
Proc2.y;                    {Variable y von Prozedur Proc2}
Graph.Proc2,y;              {Variable y von Prozedur Proc2 aus
                             Unit Graph}
```

:= Anweisung

x := Ausdruck;
Wertzuweisung durch den ":="-Operator in zwei Schritten ausführen:

1. Den Wert des rechts von ":=" angegebenen Ausdruck ermitteln.
2. Diesen Wert der links von ":=" angegebenen Variablen zuweisen, wobei ihr bisheriger Inhalt überschrieben wird.

Eine Summenvariable initialisieren (0 als Anfangswert zuweisen):

```
Summe := 0;
```

Den Wert der Summenvariablen um einen Betrag erhöhen:

```
Summe := Summe + Betrag;
```

Zwei Strings verketten und dann zuweisen:

```
BuchTitel := 'Turbo Pascal' + ' griffbereit';
```

@ Adreß-Operator, 4

Zeigervariable := @Bezeichner;
Die Adresse einer Variablen oder Routine (Funktion, Prozedur) bestimmen und einem Zeiger zuweisen.
1. @-Operator auf Variable anwenden: Einen Zeiger auf die Adresse der als Operand angegebenen Variablen liefern.

```
TYPE tAdr=PACKED ARRAY[0..1] OF Char;  {Array für Low- und HighByte}
VAR iPtr:^tAdr; i:Integer;             {iPtr Zeiger auf Char-Array}
iPtr := @i;                            {iPtr erhält Adresse von i}
                                       {iPtr^[1] -> Highbyte von i}
```

2. @-Operator auf formalen Werteparameter anwenden: Einen Zeiger auf den aktuellen Wert, dessen Adresse auf dem Stack abgeholt wird, liefern.

```
PROCEDURE Proz(i:Integer);             {i als formaler Parameter}
VAR iPtr:^Integer;                     {iPtr^ bezieht sich nur auf}
BEGIN iPtr := @i; ...; END;            {die Kopie des auf dem Stack}
                                       {abgelegten Wertes von i}
```

3. @-Operator auf Variablenparameter anwenden: Einen Zeiger auf den aktuellen Parameter, dessen Adresse auf dem Stack abgeholt wird, liefern. iPtr^ bezieht sich direkt auf die übergebene Variable.

4. @-Operator auf den Namen einer Funktion bzw. Prozedur: Einen Zeiger auf die Anfangsadresse der Routine (z.B. eines Maschinenprogrammes) liefern.

5. @-Operator auf den qualifizierten Namen einer Methode.

{ } oder (* *) "Anweisung"

{ Kommentar }
Kommentar als Zeichenkette, die mit "{" beginnt und mit "}" endet, ist eine "Anweisung", die vom Compiler übergangen wird.
(* *) als Ersatzdarstellung für { } verwenden:

```
{Kommentierung so ...}  (*oder aber so... *)
```

Eine Pascal-Anweisung kommentieren:

```
z := z + 1;            {Schleifenzähler wird erhöht}
```

Drei Anweisungen auskommentieren, das heißt (vorläufig zu Testzwecken) nicht zur Ausführung bringen:

```
{ Funktionswert; Summieren(z); Write('ausgeführt'); }
```

Kommentarbegrenzer in Strings werden übergangen:

```
WriteLn('Mein Name {... so Hase} ist Hase.');
```

Folgt nach dem Zeichen { bzw. C* ein Dollarzeichen $, so wird der Kommentar als Compiler-Befehl aufgefaßt. Siehe folgende Befehle.

{$A+} oder {A-} Compiler-Befehl

Variablen im Speicher ausrichten (Globaler Schalter)
Für {$A+} werden Variablen (außer Char und Byte) von Linker und Compiler so im Speicher angeordnet, daß der durch sie belegte Bereich an einer geradzahligen Adresse beginnt. {$A+} als Voreinstellung.

Menübefehl: Options/Compiler/Word Align data

{$B+} oder {$B-} Compiler-Befehl

Boolesche Ausdrücke auswerten (lokaler Schalter)
Die Code-Erzeugung bei der Auswertung zusammengesetzter Ausdrücke mit den Operatoren AND und OR kontrollieren. {$B+} zur Komplettauswertung logischer Ausdrücke. {$B-} zum Kurzschlußverfahren (short circuit). Beispiel: sobald ein Teil einer AND-Operation den Wert False ergibt, wird der Ausdruck nicht weiter ausgewertet. {$B-} als Voreinstellung.
{$B+} nur für Version 3.0: Auswahl des I/0-Modus.

Menübefehl: Options/Compiler/Complete boolean evaluation

{$D+} oder {$D-} Compiler-Befehl

Information zur Fehlersuche erzeugen (globaler Schalter)
Beim Compilieren einer Unit wird die Information in der TPU-Datei abgelegt. Beim Compilieren eines Programms wird die Information im RAM (Compile to Memory) bzw. in einer TPM-Datei (Compile

to EXE-File bei gesetztem Schalter {$T+}) abgelegt. {$D+} als Voreinstellung.
{$D+}-Befehl nur für Version 3.0: Grafik-Überprüfung.

Menübefehl: Options/Compiler/Debug Information

{$E+} oder {$E-} Compiler-Befehl

Emulator für den Coprozessor 8087 (globaler Schalter)
Die Routinen festlegen, die im Modus {N+} zur Steuerung des Coprozessors in ein Programm einzubinden sind. Mit {$E+} als Voreinstellung wird der komplette Emulator aufgenommen. Für {$N-} wird der Emulator {$E+} ignoriert.

Menübefehl: Options/Compiler/Emulation

{$F+} oder {$F-} Compiler-Befehl

FAR-Aufrufe erzwingen (lokaler Schalter)
Mit {$F-} werden Prozeduren und Funktionen nur dann als FAR aufgerufen, wenn sie im Interface-Teil einer Unit stehen. Mit {$F+} wird immer mit FAR-Aufrufen gearbeitet. Ab Version 5.0: Jedem mit Overlays arbeitenden Programm bzw. Unit ist {$F+} voranzustellen. {$F-} als Voreinstellung.
{$F...} nur für Version 3.0: Anzahl der offenen Dateien.

Menübefehl: Options/Compiler/Force far calls

{$G+} oder {G-} Compiler-Befehl

Code für den Prozessor 80286 erzeugen (lokaler Schalter)
Mit {$G+} werden (nur im Real-Mode) 80286-Opcodes bei der Codeerzeugung benutzt. {$G-} als Voreinstellung.

Menübefehl: Options/Compile/286 instructions

{$I Dateiname} Compiler-Befehl

Include-Datei einfügen (lokaler Parameter)
Beispiel: Mit {$I Zins1.Pas} fügt der Compiler die Datei Zins1.PAS genau an die Stelle des Quelltextes ein, an der der Befehl {$I Zins1-.PAS} steht.

Menübefehl: Options/Directories/Include directories

{$I+} oder {$I-} Compiler-Befehl

I/O-Fehler automatisch abprüfen (lokaler Schalter)
Mit {$I+} liefert der Compiler nach jedem Ein-/Ausgabebefehl einen Prüfcode, um das Programm ggf. mit einer Fehlermeldung abzubrechen. Mit {$I-} wird die Fehlerbehandlung vom Programmierer übernommen (siehe Funktion IOResult). {$I+} als Voreinstellung.
{$I+} nur für Version 3.0: Eingabe-Datei-Pufferung.

Menübefehl: Options/Compiler/I/O checking

{$IF Bedingung} Compiler-Befehle (bedingtes Compilieren)

Quelltext bedingt compilieren (Parameter)
Mit zwei Konstrukten können Teile des Quelltextes von der Compilierung ausgeschlossen bzw. in die Compilierung einbezogen werden (bedingte Compilierung):
Den Quelltext Text1 nur dann compilieren, wenn die Bedingung Bed wahr ist:

```
{$IF Bed} Text1 {$ENDIF}
```

Entweder den Pascaltext Text1 oder Text2 compilieren:

```
{$IF Bed} Text1 {$ELSE} Text2 {$ENDIF}
```

Übersicht der Compiler-Befehle zum bedingten Compilieren:

```
{$DEFINE Symbolname}          definiert das Symbol.
{$ELSE}                       beginnt einen ELSE-Teil.
{$ENDIF}                      beendet das letzte {$IF....}.
{$IFDEF Symbolname}           erfaßt definierten Text
                              (für IF symbol DEFined).
{$IFNDEF Symbolname}          erfaßt undefinierten Text
                              (für IF symbol Not DEFined).
{$IFOPT Compiler-Schalter}    compiliert je nach Schalter
                              (für IF OPTion).
{$UNDEF Symbolname}           löscht das Symbol.
```

{$L Dateiname} Compiler-Befehl

Die angegebene Objekt-Datei einbinden (lokaler Parameter)
Mit {$L Zins6} nimmt der Linker die im Intel-Object-Format mit einem Assembler erzeugte Objekt-Datei Zins6.OBJ in das Programm auf. Bezeichner müssen als PUBLIC (in der Objekt-Datei) bzw. als EXTERNAL (im Pascal-Quelltext) vereinbart sein.

Menübefehl: Options/Directories/Object directories

{$L+} oder {$L-} Compiler-Befehl

Lokale Symbole aufnehmen (globaler Schalter)
In der Voreinstellung {$L+} berücksichtigt der Compiler neben den lokalen Variablen, Konstanten und Datentypen des jeweiligen Modus auch die im Unit-Implementationsteil deklarierten Namen. {$L-} schließt lokale Namen aus. Bei {$D-} wird {$L+} ignoriert.

Menübefehl: Options/Compiler/Local symbols

{$L+} oder {$L-} Compiler-Befehl, nur 4.0

Link-Puffer bereitstellen (globaler Schalter)
Mit {$L+} werden die beim Linken erzeugten temporären Dateien im RAM zwischengespeichert. Mit {$L-} wird auf Diskette zwischengespeichert. {$L+} als Voreinstellung.

Menübefehl: Options/Compiler/Link buffer

{$M S,Hmin,Hmax} Compiler-Befehl

Größe von Stack und Heap einstellen (globaler Parameter)
Mit S (Stack size) Platz für den Stack reservieren (zwischen 1024 und 65520). Mit Hmin (Low Heap Limit) und Hmax (High Heap Limit) einstellen, wieviel Platz minimal bzw. maximal für den Heap

belegt werden soll. {$M 16384, 0, 655360} als Voreinstellung.

Menübefehl: Options/Memory sizes

{$N+} oder {$N-}

Compiler-Befehl

Numerische Datentypen bereitstellen (globaler Schalter)
Mit {$N+} werden durch Ansteuerung eines Coprozessors die zusätzlichen Real-Typen Single, Double, Extended und Comp bereitgestellt. Mit {$N-} steht nur der Datentyp Real zur Verfügung. Ab Version 5.0: der Befehl ist auch ohne Coprozessor möglich (Voraussetzung: {$E+}). {$N-} als Voreinstellung.

Menübefehl: Options/Compiler/8087/80287

{$O+} oder {$O-}

Compiler-Befehl

Overlay-Prüfung vornehmen (globaler Schalter)
Mit der Einstellung {$O+} macht der Compiler Units Overlay-fähig, d. h. er prüft (und speichert) die Übergabe von String- und Set-Konstanten. Voreinstellung ist {$O-}.

Menübefehl: Options/Compiler/Overlays allowed

{$O Unitname}

Compiler-Befehl

Overlay-Deklarationen durchführen (lokaler Parameter)
Mit der Vereinbarung eines Overlays wird der Linker angewiesen, den Code nicht in das Programm, sondern in eine OVR-Datei zu speichern. Der Unitname muß zuvor mit USES benannt und mit {$O+} compiliert worden sein. Kein zugehöriger Menübefehl.

{$R+} oder {$R-}

Compiler-Befehl

Indexbereichs-Grenzen überprüfen (lokaler Schalter)
Mit {$R+} wird bei jeder Zuweisung an Array-, Set-, Aufzähl- und Unterbereichstypen die Gültigkeit geprüft und ggf. mit Laufzeitfehlerangabe unterbrochen (Verlangsamung, deshalb nur in der Testphase). Mit {$R-} als Voreinstellung wird kein Prüfcode erzeugt.

Menübefehl: Options/Compiler/Range Checking

{$S+} oder {$S-}

Compiler-Befehl

Stack-Speicherplatz überprüfen (lokaler Schalter)
Mit {$S+} wird vor jedem Unterprogrammaufruf geprüft, ob genügend Platz für Lokale Variablen, Rückkehradressen usw. auf dem Stack vorhanden ist. Mit {$S-} wird ohne Prüfung auf den Stack zugegriffen. {$S+} als Voreinstellung.

Menübefehl: Options/Compiler/Stack checking

{$T+} oder {$T-}

Compiler-Befehl, nur 4.0

TPM-Datei erzeugen (globaler Schalter)

Mit {$T+} wird beim Compilieren eine TPM-Datei erzeugt, die später über das Programm TPMAP.EXE gelesen werden kann, um eine MAP-Datei bereitzustellen. Dabei muß {$D+} eingestellt worden sein. {$T-} als Voreinstellung.

Menübefehl: Options/Compiler/Turbo pascal map file

{$U Dateiname}

Compiler-Befehl

Unit-Dateiname angeben (lokaler Parameter)
Dieser Befehl nennt dem Compiler die Dateien, in denen benutzerdefinierte Units zu suchen sind, die nicht in TURBO.TPL stehen.

```
USES {$U b:\V} Versuch1;        {Unit Versuch1 in Datei V.TPU suchen}
USES {$U a:\V.BIB} Versuch1;    {Unit Versuch1 in Datei V.BIB suchen}
```

Menübefehl: Options/Directories/Unit directories

{$V+} oder {$V-}

Compiler-Befehl

Stringlänge überprüfen (lokaler Schalter)
Mit {$V+} wird beim Prozeduraufruf die Stringlänge der aktuellen Parameter mit der Länge der formalen Parameter verglichen und ggf. ein Fehler gemeldet (strict). Mit {$V-} muß die Länge der als VAR-Parameter übergebenen Strings nicht gleich sein (relaxed). {$V+} als Voreinstellung.

Menübefehl: Options/Compiler/Strict var-strings

{$X+} oder {$X-}

Compiler-Befehl

Die erweiterte Syntax verwenden (globaler Schalter)
Funktion ist als Anweisung aufrufbar (also kein Funktionsergebnis). ptr^.Feld ist als ptr.Feld abkürzbar (also anderes Zeigersymbol). {$X-} als Voreinstellung.

Abs

Arithmetische Funktion

x := Abs(IntegerAusdruck / RealAusdruck);
Den Absolutwert (Betrag) des Ausdrucks (Konstante, Variable oder Funktionsergebnis) bilden. Der Argumenttyp bestimmt den Ergebnistyp.
2.111 vom Real-Typ und 3000 vom Integer-Typ ausgeben:

```
i := -3002; WriteLn(Abs(-2.111), Abs(i+2));
```

FUNCTION Abs(r: Real): Real;
FUNCTION Abs(i: Integer): Integer;

ABSOLUTE

Direktive

VAR Variablenname: Datentyp ABSOLUTE Adresse;
Mit ABSOLUTE kann man dem Compiler vorschreiben, an welcher absoluten Adresse eine Variable abzulegen ist. Über ABSOLUTE Variablen kann man mit MS-DOS kommunizieren und nicht-typisierte Parameter nutzen. Adreßangabe stets im Format Segmentwert-:Offsetwert (Wertangabe im Bereich $0000 - $FFFF bzw. 0 - 65535.

Variable i1 an Adresse $0000:$00EE ablegen:

```
VAR i1: Integer ABSOLUTE $0000:$00EE;
```

Die Variable b2 an die Adresse von c2 speichern, um die Bindung der Variablen an den Datentyp zu umgehen:

```
PROCEDURE GleicheAdresse;
VAR
  c2: Char; b2: Byte ABSOLUTE c2;
BEGIN
  b2 := 69; WriteLn(c2);
END;
```

Addr

Speicher-Funktion

x := Addr(Ausdruck);
Die absolute Adresse der im Ausdruck genannten Variablen, Funktion bzw. Prozedur angeben. Adresse als Integer-Wert (8-Bit-PC) oder als 32-Bit-Zeiger auf das Segment und den Offset (16-Bit-PC) angeben. Die Adresse läßt sich einer Zeigervariablen zuweisen:

```
p1 := Addr(Wahl);
p2 := Addr(Reihe[8]);
p3 := Addr(TelRec.Name);
p3 := Addr(p3);                    {Zeiger p3 zeigt auf sich selbst}
```

FUNCTION Addr(VAR Bezeichner): Pointer;

AND

Arithmetischer Operator

i := IntegerAusdruck AND IntegerAusdruck;
Ausdrücke bitweise so verknüpfen, daß für "1 UND 1" ein Bit gesetzt und andernfalls gelöscht wird. Anwendung: Bit-Filter, gezieltes Löschen einzelner Bits.
0 nach i1 zuweisen, da 00111 AND 10000 verknüpft:

```
i1 := 7 AND 16;
```

6 nach i2 zuweisen, da 00111 AND 10110 verknüpft:

```
i2 := 7 AND 22;
```

AND

Logischer Operator

b := BoolescherAusdruck AND BoolescherAusdruck;
Ausdrücke mit Variablen bzw. Konstanten vom Boolean-Typ und mit Vergleichen über "logisch UND" verknüpfen:

```
True AND True  ergibt True     False AND True  ergibt False
True AND False ergibt False    False AND False ergibt False
```

True, wenn Zins kleiner 9000 und p gleich 10 sind:

```
IF (Zins<9000) AND (p=10) THEN ...;
```

True, wenn Anzahl größer 9 und Gefunden True sind:

```
Ergebnis := (Anzahl>9) AND Gefunden;
```

Append

Datei-Prozedur

Append(Dateivariable);
Den Dateizeiger hinter den letzten Datensatz positionieren, um anschließend mit Write zu schreiben (anzuhängen).
Die Datei B:Telefon1.DAT öffnen, um Sätze anzufügen:

```
Assign(TelFil,'B:Telefon1.DAT');
Append(TelFil);
```

PROCEDURE Append(VAR f: Text);

Arc

Grafik-Prozedur, Graph, 4

Arc(x,y,StartWinkel,EndWinkel,Radius);
Einen Kreisbogen zeichnen. x als Spaltenkoordinate (0-319) und y als Zeilenkoordinate (0-199) des Kreismittelpunktes. Winkel in Grad entgegen dem Uhrzeigersinn (0 Grad für horizontal rechts vom Mittelpunkt). Vollkreis mit Radius 70 in Bildschirmmitte zeichnen:

```
Arc(159,99,0,360,70);
```

PROCEDURE Arc(x,y:Integer; StartWinkel,EndWinkel ,Radius: Word);

Arc

Grafik-Prozedur, Graph3

Arc(x,y,Winkel,Radius,Farbe);
Einen Kreisbogen zeichnen. x als Spaltenkoordinate (z.B. 0-319 bzw. 0-639) des Kreismittelpunkts. y als Zeilenkoordinate (z.B. 0-199). Winkel als Kreis-Gradzahl zur Zeichnung im (positiv) bzw. entgegen (negativ) dem Uhrzeigersinn. Radius in Pixeln für den Durchmesser des Kreises. Farbe -1 gemäß ColorTable, 0-3 gemäß Palette im GraphColorMode bzw. HiResColor-Farbe bei HiRes.

PROCEDURE Arc(x,y,Winkel,Radius,Farbe: Integer);

ArcTan

Arithmetische Funktion

r := ArcTan(IntegerAusdruck oder RealAusdruck);
Winkelfunktion Arcus Tangens. Für die angegebene Tangente den Winkel im Bogenmaß (zwischen -pi/2 und pi/2) angeben. Bildschirmausgabe von 0.124355:

```
WriteLn(ArcTan(0.125);
```

FUNCTION ArcTan(r:Real): Real;
FUNCTION ArcTan(i:Integer): Integer;

ARRAY

Datenstruktur

ARRAY[Indextyp] OF Elementtyp;
Die Datenstruktur Array ist eine Folge von Elementen mit jeweils gleichen Datentypen. Der Indextyp muß abzählbar sein (Integer, Byte, Char, Boolean, Aufzähltyp, Unterbereichstyp). Der Elementtyp kann einfach oder strukturiert sein. Für [ ] kann man auch (. .) schreiben. 10-Elemente-Integer-Array Umsatz mit impliziter Typvereinbarung:

```
VAR Umsatz: ARRAY[0..9] OF Integer;
```

Explizite Typvereinbarung als Voraussetzung zur Übergabe einer Arrayvariablen als Prozedurparameter:

```
TYPE
  Indextyp = 0..9;
  Elementtyp = 500..2000;
  Umsatztyp = ARRAY[Indextyp] OF Elementtyp;
VAR Umsatz: Umsatztyp;
```

Direktzugriff auf das 7. Element über die Indexvariable i:

```
i := 7; Umsatz[i] := 1870;
```

ASM

Anweisung, 6

ASM AsmBefehl [Trennzeichen AsmBefehl] END;

Eine Befehlsfolge in Maschinensprache zwischen ASM und END direkt in den Turbo Pascal-Quelltext schreiben (Built-In-Assembler).

AsmBefehl steht für einen Assembler-Befehl und Trennzeichen für einen Strichpunkt, einen Zeilenvorschub oder einen Pascal-Kommentar. Mehrere Assemblerbefehle in einer Zeile trennt man durch ";" (für Assemblerbefehle in verschiedenen Zeilen ist kein ";" erforderlich). Kommentar ist in { } anzugeben.

Zur Funktion Summe1a von Programm AsmDemo1.PAS: Über das @Result-Symbol im Anweisungsteil der Funktion auf das Funktionsergebnis zugreifen. mov s,i1+i2 wäre unzulässig da i1 und i2 Variablen sind und der Wert von i1+i2 zur Übersetzungszeit nicht feststeht (der Assembler erwartet Konstanten).
Zur Funktion Summe2a: Anders als in Turbo Pascal werden Variablenparameter vom Assembler als 32-Bit-Zeiger verarbeitet. Zum Zugriff auf einen Parameter 1. den 4-Byte-Zeiger laden und 2. auf die Adresse zugreifen, auf die der Zeiger zeigt.

```
PROGRAM AsmDemo1;
VAR
  i1, i2: Integer;

FUNCTION Summe1(i1,i2:Integer): Integer;         {Funktionen Summe1}
BEGIN                                            {und Summe1a ent-}
  Summe1 := i1 + i2;                             {sprechen sich}
END;

FUNCTION Summe1a(i1,i2:Integer): Integer;
BEGIN
  ASM
    mov AX,i1
    add AX,i2
    mov @Result,AX              {Symbol @Result, um in der Funktion}
  END; {von ASM}                {auf das Funktionsergebnis zuzugreifen}
END;

FUNCTION Summe2(VAR i1,i2:Integer): Integer;      {Funktionen Summe2}
BEGIN                                             {und Summe2a ent-}
  Summe2 := i1 + i2;                              {sprechen sich}
END;

FUNCTION Summe2a(VAR i1,i2:Integer): Integer;
BEGIN
  ASM                  {Beginn der ASM-Anweisung}
    les BX,i1          {1. VAR-Parameter als 32-Bit-Zeiger laden}
    mov AX,ES:[BX]     {2. Zugriff auf den Speicher, auf}
    les BX,i2          {   den der Zeiger zeigt}
    add AX,ES:[BX]
    mov @Result,AX     {Funktionsergebnis im Anweisungsteil lesen}
    add AX,ES:[BX]     {Zur Demonstration: AX nochmals um i2 erhöhen}
    mov ES:[BX],AX     {und in i2 den erhöhten Wert zuweisen}
  END; {von ASM}
END;

BEGIN
  WriteLn(Summe1(444,888));
  WriteLn(Summe1a(444,888));
  i1 := 3;
  i2 := 6;
  WriteLn(Summe2(i1,i2), i1:3, i2:3);
  WriteLn(Summe2a(i1,i2), i1:3, i2:3);
  WriteLn('Programmende DemoAsm1.');
END.
```

```
Ausführung zu Programm
DemoAsm1.PAS:

1332
1332
9  3  6
9  3 15
Programmende DemoAsm1.
```

Allgemeine Symbole, die in Assembler-Ausdrücken erlaubt sind:

Symbol:	Wert:	Typ:	Klasse:
@Result	Offsetadresse des Funktionsergebnisses		Speicher
@Code	Codesegment	OFFFOH	Speicher
@Data	Datensegment	OFFFOH	Speicher
Label	Adresse des Labels	Short	Speicher
Konstante	Wert der Konstanten	0	Konstante
Type	0	SizeOf(Type)	Speicher
Feld	Offset des Feldes	SizeOf(Feld)	Speicher
Variable	Adresse der Variablen	SizeOf(Variable)	Speicher
Prozedur	Adresse der Prozedur	NEAR bzw. FAR	Speicher
Funktion	Adresse der Funktion	NEAR bzw. FAR	Speicher
Unit	0	0	Konstante

Assembler-Anweisungen mit folgender Syntax:
[Label ":"] Präfix [Befehl/Anweisung [Operand "," Operand]]

Assembler-Anweisungen, die erlaubt sind:
DB (define byte), DD (define double word) und DW (define word).

Datentyp-Symbole des integrierten Assemblers:
BYTE 1, WORD 2, DWORD 4, QWORD 8, TBYTE 10, NEAR und FAR.

Labels im integrierten Assembler (2 Typen):
1. Normale Labels: Wie in Turbo Pascal dargestellt.
2. Lokale Labels: Mit @ beginnend und nur in ASM..END gültig (z.B. jmp @3).

Präfix-Opcodes, die vom Assembler unterstützt werden:
LOCK, REP, REPE/REPZ, REPNE/REPNZ, SEGCS, SEGDS, SEGES und SEGSS.

Register (siehe auch Reservierte Wörter):

```
16-Bit-Register: AX BX CX DX     Niedr. 8-Bit-Register: AL BL CL DL
16-Bit-Zeiger:   SP BP SI DI     Höher. 8-Bit-Register: AH BH CH DH
16-Bit-Segment:  CS DS SS ES     80x87-Register-Stack:  ST
```

Unzulässige Symbole (vom integrierten Assembler abgewiesen):
- Standardprozeduren und -funktionen (wie ReadLn)
- Pseudo-Arrays Mem, MemW, MemL, Port, PortW
- Konstanten für String, Gleitkomme und Menge
- INLINE vereinbarte Prozeduren und Funktionen
- @Result-Symbol, sofern nicht in der jeweiligen Funktion aufgerufen
- Labels, sofern nicht im jeweiligen ASM..END-Block definiert

ASSEMBLER

Anweisung, 6

PROCEDURE Name(Parameterliste); ASSEMBLER;
Eine Routine (PROCEDURE, FUNCTION), die nur Assembler-Befehle enthält, mit ASM..END-Block und ohne BEGIN..END-Block schreiben, um folgende Optimierungen vorzunehmen:
Für parameterlose Routinen wird kein Stack erzeugt. @Result ist unzulässig (da kein Speicherplatz für die Funktionsergebnis reserviert wird. Für die Kopie der Werteparameter in lokale Variablen wird kein Code erzeugt. Funktionsergebnisse werden zurückgegeben in AL (Ordinal-Typen), AX (16-Bit-Werte), DX:AX (32-Bit), DX-:BX:AX (Real-Typen), DX:AX (Zeiger-Typen), @Result als Zeiger auf Zwischenspeicher (String-Typen bzw. ST(0) (80x87-Typen).

Assign

Datei-Prozedur

Assign(Dateivariable,'Laufwerk:Diskettendateiname');
Die Verbindung zwischen dem physischen Namen einer Datei auf Diskette und dem logischen Dateinamen, mit dem die Datei innerhalb des Programmes angesprochen wird, herstellen (anders ausgedrückt: den Dateinamen einer Dateivariablen zuordnen. Die Datei Telefon1.DAT der Dateivariablen TelFil zuordnen:

```
Assign(TelFil,'B:Telefon1.DAT');
Write('Welcher Dateiname? '); ReadLn(Dateiname);
Assign(TelFil,Dateiname);
```

PROCEDURE Assign(VAR f: File; Dateiname: String);

AssignCrt

E/A-Prozedur, Crt, 4

Assign(Textdateivariable);
Die Dateivariable mit dem Bildschirm verbinden. Textausgabe mit Crt ist schneller als mit Input und Output.

PROCEDURE AssignCrt(VAR f:Text);

Back

Turtle-Prozedur, Graph3

Back(Entfernung);
Die Turtle ab der aktuellen Position nach hinten (Entfernung positiv) bzw. nach vorne (negativ) bewegen. Turtle um 50 Bildpunkte (Pixel) nach vorne bewegen:

```
Back(-50);
```

PROCEDURE Back(Entfernung: Integer);

Bar

Grafik-Prozedur, Graph, 4

Bar(x1,y1, x2,y2);
Ein Rechteck mit (x1,y1) links oben und (x2,y2) rechts unten zeichnen und gemäß SetFillStyle und SetFillPattern füllen. Bei einem Fehler liefert GraphResult den Wert -6.

PROCEDURE Bar(x1,y1,x2,y2: Integer);

Bar3D

Grafik-Prozedur, Graph, 4

Bar3D(x1,y1,x2,y2,Tiefe,Deckel);
Einen dreidimensionalen Balken mit (x1,y1) links oben und (x2,y2) rechts unten zeichnen. Angabe der räumlichen Tiefe in Pixeln. Für Deckel=False wird kein oberer Abschluß gezeichnet. Farbe, Linienart und Füllmuster gemäß SetColor, SetLineStyle und SetFillStyle bzw. SetFillPattern. Die räumliche Tiefe bei ca. 25% der Breite:

```
Bar3D(x1,y1,x2,y2, (x2-x1+1)DIV 4, DeckelZu);
```

PROCEDURE Bar3D(x1,y1,x2,y2:Integer; Tiefe:Word;
Deckel:Boolean)

BEGIN-END

Anweisung

BEGIN Anweisung(en) END;
Klammerung zusammengehörender Anweisungen zu einem Block als Anweisungseinheit. Ein Block (Verbund) wird wie eine Anweisung behandelt. Turbo Pascal umfaßt einfache und strukturierte Anweisungen:
Drei einfache Anweisungen: Zuweisung ":=", Prozeduranweisung (für Aufruf) und Sprunganweisung (GOTO).
Zwei strukturierte Anweisungstypen: Eine Blockanweisung BEGIN-END (Verbund) und fünf Kontrollanweisungen (IF, CASE, WHILE, REPEAT und FOR).
Mehrere Anweisungen als Block hinter THEN ausführen:

```
IF NOT Verheimlichen THEN
  BEGIN                                        {Blockanfang}
    WriteLn('Zwei Anweisungen');
    WriteLn('bilden einen Block.');
  END;                                         {Blockende}
```

Mehrere Anweisungen als Block hinter DO wiederholen:

```
FOR i:=1 TO 10 DO BEGIN z:=z+i; Write(z,' ');
                        GotoXY(i+x,i+y);
                  END;
```

BlockRead

Datei-Prozedur

BlockRead(Dateivariable,Puffer,Blockanzahl[,Meldung]);
Maximal 65535 Bytes in Blöcken aus der nicht-typisierten und geöffneten Dateivariablen in einen internen Pufferspeicher lesen. *Dateivariable* vom FILE-Typ (nicht-typisierte Datei). *Puffer* als Variable beliebigen Typs zur Aufnahme der gelesenen Blöcke im RAM (zumeist Byte-Array bzw. Char-Array); Achtung: Ist Puffer zu klein, wird der auf Puffer folgende Speicherbereich überschrieben. *Blockanzahl* * RecSize als Gesamtanzahl der zu übertragenden Bytes; RecSize als Recordgröße beim Öffnen der Datei (ohne explizite Angabe setzt das Turbo-System RecSize auf 128 Bytes). *Meldung* gibt die Anzahl der komplett gelesenen Blöcke an.
Mit nicht-typisierten Dateien wird die schnellste Möglichkeit zum Kopieren von Diskettendateien angeboten:

```
PROCEDURE Kopie;
VAR
  QuellFil,ZielFil: FILE;
  Puffer: ARRAY[1..128,1..150] OF Byte;
  Meldung: Integer;
BEGIN
  Assign(QuellFil,'Prg1.PAS'); Reset(QuellFil);
  Assign(ZielFil,'PrgNeu1.PAS'); Rewrite(ZielFil);
  REPEAT
    BlockRead(QuellFil,Puffer,150,Meldung);
    BlockWrite(ZielFil,Puffer,Meldung);
  UNTIL Meldung = 0;
  Close(QuellFil); Close(ZielFil);
END; {von Kopie}
```

BlockRead(VAR f:File; VAR Puffer:Type; n[,m]:Word);

BlockWrite

Datei-Prozedur

BlockWrite(Dateivariable,Puffer,Blockanzahl [,Meldung]);
Einen Block zu standardmäßig 128 Bytes aus dem Puffer im RAM auf eine nicht-typsierte Datei speichern. Parameter siehe Prozedur BlockRead als Gegenstück. Bei zu kleinem Puffer wird der auf den Pufferspeicher folgende RAM-Inhalt auf die Datei geschrieben.

BlockWrite(VAR f:File; VAR Puffer:Type; n[,m]:Word);

Boolean

Standard-Datentyp

VAR Variablenname: Boolean;
Vordefinierter Datentyp für die beiden Wahrheitswerte True (wahr) und False (unwahr).
Eine Variable namens Ende belegt 1 Byte Speicherplatz:

```
VAR Ende: Boolean;
```

Ende wird jeweils auf True gesetzt, wenn man 'ja' eintippt:

```
Ende := Tastatureingabe = 'ja';
IF Tastatureingabe = 'ja' THEN Ende := True;
```

TYPE Boolean = (True,False);

Break/watch

Turbo-Menü, nur 5.0 und 5.5

Fenster, in dem der Debugger seine Schritt für Schritt neu ermittelten *Watch*-Ausdrücke zeigt (ersetzt Output-Fenster von Turbo 4.0).

- Add watch	Watch-Ausdrücke zufügen
- Delete watch	Einen Ausdruck entfernen

- Edit watch	Ausdrücke verändern
- Remove all watches	Alle Ausdrücke entfernen
- Toggle breakpoint	Abbruchpunkt setzen
- Clear all breakpoints	Abbruchpunkte löschen
- View next breakpoint	Nächster Abruchpunkt

BufLen

Standard-Variable, 3

BufLen := AnzahlZeichen;
Maximalanzahl von Zeichen festlegen, die bei der nächsten Benutzereingabe angenommen wird. Nach jeder Eingabe wird wieder BufLen:=127 gesetzt. Bei der nächsten Eingabe sollen maximal 50 Zeichen getippt werden:

```
BufLen := 50; ReadLn(Eingabe);
```

CONST BufLen: Integer = 127;

Byte

Standard-Datentyp

VAR Variablenname: Byte;
Vordefinierter Datentyp für ganze Zahlen zwischen 0 und 255. Der Byte-Typ ist zu den anderen Integer-Typen (Integer, LongInt, ShortInt und Word) kompatibel. Eine Byte-Variable belegt nur ein Byte bzw. acht Bit Speicher:

```
VAR Nummer: Byte;
```

TYPE Byte = 0..255;

CASE-OF-ELSE-END

Anweisung

CASE SkalarAusdruck OF
Wert1: Anweisung1;
Wert2: Anweisung2;
...
[ELSE Anweisung];
END; {von CASE}
Eine mehrseitige Auswahlstruktur kontrollieren: Die Anweisung ausführen, deren Wert mit dem Inhalt des Ausdruckes übereinstimmt. Der Ausdruck abzählbar sein (Real nicht erlaubt).
Eine Ja/Nein-Entscheidung mittels CASE abfragen:

```
CASE TastaturEingabe OF
  'j','J': WriteLn('Ja wurde gewählt.';
  'n','N': BEGIN Write('nein'); Proz1; END;
  ELSE WriteLn('bitte nochmals');
END;
```

CBreak

E/A-Variable, Turbo3

Funktionsgleich zur Variablen CheckBreak ab Version 4.

Chain

Datei-Prozedur, 3

Chain(Dateivariable);
Ein mit dem Dateityp CHN ohne Runtime-Bibliothek abgespeichertes Pascal-Programm von einem laufenden Programm (Dateityp PAS oder COM) ausführen.
Tel.CHN vom laufenden Programm aus ausführen:

```
Assign(NeuFil,'B:Tel.CHN'); Chain(NeuFil)
```

PROCEDURE Chain(f: File);

Char

Standard-Datentyp

VAR Variablenname: Char;
Vordefinierter Datentyp für 256 Zeichen gemäß ASCII-Code (Char für Character bzw. Zeichen).
Die Variable Zeichen belegt 1 Byte an Speicherplatz:

```
VAR Zeichen: Char;
```

Char-Konstanten werden durch ' ' dargestellt:

```
WriteLn('d','?','$',' ');
```

Kontrollcode mit Caret (^G = Bell, ^J = LF, ^M = CR):

```
Write(^G,^G,^J,^M,^G);
```

Gleichen Kontrollcode mit # und ASCII-Nr ausgeben:

```
WriteLn(#7, #7, #10, #13, #7);
```

Gleichen Kontrollcode mit $ und Hex-Werten ausgeben:

```
WriteLn(#$07, #$07, #$0A, #$0D, #$07);
```

ChDir

Datei-Prozedur

ChDir(Pfadname);
Vom aktuellen in das genannte Unterverzeichnis wechseln (Change Directory). Identisch zu DOS-Befehl CD (siehe auch GetDir, MkDir und RmDir).
Unterverzeichnis \Anwend1 von Laufwerk B: aktivieren.

```
ChDir('b: Anwend1');
```

PROCEDURE ChDir(VAR Pfadname: String);

CheckBreak

E/A-Variable, Crt, 4

Die Variable ist auf True gesetzt, damit bei der Benutzereingabe von Ctrl-Break bzw. Strg-Abbr das Programm abgebrochen wird. Prüfung auf Ctrl-Break verhindern:

```
CheckBreak := False;
```

CONST CheckBreak: Boolean = True;

CheckEoF

E/A-Variable, Crt, 4

Durch die Benutzereingabe von Ctrl-Z (Strg-Z) wird keine Dateiende-Markierung erzeugt. Nach Ctrl-Z werden solange nur noch Dateiende-Markierungen geliefert, bis die Datei durch Reset neu geöffnet wird:

```
CheckEoF := True;
```

CONST CheckEoF: Boolean = False;

CheckSnow

E/A-Variable, Crt, 4

Prüfroutine beim Schreiben in den Bildspeicher überwachen (Voraussetzung: DirectVideo := False).

CONST CheckSnow: Boolean = True;

Chr

Transfer-Funktion

c := Chr(ASCII-Codenummer);
Für eine ASCII-Codenummer zwischen 0 und 255 (Integer- bzw. Byte-Typ) das zugehörige Zeichen (Char-Typ) angeben. Am Bildschirm das Zeichen 'B' ausgeben:

```
WriteLn(Chr(66));
```

CRLF-Signal (Carriage Return und Line Feed) speichern:

```
Zeilenschaltung := Chr(13) + Chr(10);
```

FUNCTION Chr(I: Integer): Char;

Circle

Grafik-Prozedur, Graph, 4

Circle(x,y, Radius);
Einen Kreis in der aktiven Farbe um den Mittelpunkt (x,y) zeichnen. Zehn Kreise in Bildschirmmitte zeichnen:

```
FOR rad := 1 TO 10 DO
  Circle(159,99,rad*5);
```

PROCEDURE Circle(x,y: Integer; Radius:Word);

Circle

Grafik-Prozedur, Graph3

Circle(x,y, Radius, Farbe);
Einen Kreis mit x und y als Koordinaten des Mittelpunktes zeichnen. Radius zur Festlegung des Durchmessers. Farbe einstellen mit 0-3 gemäß Palette (GraphColorMode), -1 (ColorTable) bzw. HiResColor (HiRes).

PROCEDURE Circle(x,y,Radius,Farbe: Integer);

ClearDevice

Grafik-Prozedur, Graph, 4

ClearDevice;
Den Bildschirm löschen und alle Parameter des Grafik-Treibers auf die Standardeinstellungen zurücksetzen.

PROCEDURE ClearDevice;

ClearScreen

Turtle-Prozedur, Graph3

ClearScreen
Den Bildschirm bzw. das aktives Fenster löschen und die Turtle an die Home-Position setzen.

PROCEDURE ClearScreen;

ClearViewPort

Grafik-Prozedur, Graph, 4

ClearViewPort;
Bildschirm des aktiven Zeichenfensters löschen, d.h. das Fenster mit der Farbe von Palette(0) füllen.

PROCEDURE ClearViewPort;

Close

Datei-Prozedur

Close(Dateivariable);
Eine durch die Dateivariable benannte Diskettendatei schließen. Close übernimmt zwei Aufgaben: 1. Dateipuffer leeren, d.h. auf die Datei schreiben. 2. Disketteninhaltsverzeichnis aktualisieren. Abweichung zu Version 3: Bei nicht geöffneter Datei entsteht ein Laufzeitfehler.

```
Close(TelFil);
```

PROCEDURE Close(VAR f:File);

CloseGraph

Grafik-Prozedur, Graph, 4

CloseGraph;
Grafiktreiber aus dem RAM entfernen und den zuvor aktiven Text-Modus einstellen (siehe InitGraph).

PROCEDURE CloseGraph;

ClrEol

E/A-Prozedur, Crt

ClrEol;
Daten von der Cursorposition bis zum Zeilenende löschen (Clear End Of Line für "Leer bis Zeilenende"). ClrEol arbeitet relativ zu einem mit Window gegebenen Fenster. Am Bildschirm steht in Zeile 1 nur noch 'griff':

```
Write('griffbereit'); GotoXY(6,1); ClrEol;
```

PROCEDURE ClrEol;

ClrScr

E/A-Prozedur, Crt

ClrScr;
Den Bildschirm löschen und Cursor nach oben links positionieren (Clear Screen steht für "Leerer Bildschirm"). ClrScr bezieht sich auf ein mit Window gegebenes Fenster. Das Wort 'griffbereit' erscheint nur 5 Sekunden lang:

```
ClrScr; Write('griffbereit');
Delay(6000); ClrScr;
```

PROCEDURE ClrScr;

ColorTable

Grafik-Prozedur, Graph3

ColorTable(Farbe0, Farbe1, Farbe2, Farbe3);
Eine Farbe für die aktive Palette zuordnen, d.h. den Standard-Farbtafelwert (0,1,2,3) ändern.
Farben 3 und 0 tauschen bei Farben 1 und 2 wie bisher:

```
ColorTable(3,1,2,0);
```

PROCEDURE ColorTable(Far1,Far2,Far3,Far4: Integer);

Comp

Standard-Datentyp, 4

VAR Variablenname: Comp;

Real-Typ mit einem Wertebereich von (-2 hoch 63) bis (2 hoch 63 - 1) bzw. (-9.2*10 hoch 18) bis (9.2*10 hoch 18), der einen numerischen Coprozessor voraussetzt.

Compile

Menü-Befehl, 6

Menübefehl, um einen Pascal-Quelltext durch Direktaufruf des Compilers oder über MAKE bzw. BUILD zu übersetzen.

Compile	Alt-F9	Pascal-Quelltext compilieren
Make	F9	Units mit Datumsvergleich compilieren
Build		Units ohne Datumsvergleich comp.
Destination	Memory	In RAM (Memory) oder EXE-Datei (Disk)
Primary file...		Hauptdatei für Run, Make und Build

Concat

String-Funktion

s := Concat(s1[,s2...]);
Strings s1+s2+s3+... zum Gesamtstring s verketten bzw. addieren (Stringaddition). s1,s2,... sind Konstanten und/ oder Variablen vom Typ String. Der Verkettungsoperator "+" ist einfacher zu handhaben als die Funktion Concat.
Andere Schreibweise zur Verkettung Write('Tu'+'r'+'bo'):

```
Write(Concat('Tu','r','bo.'));
```

FUNCTION Concat(s1,s2,...,sn: String): String;

CONST

Reserviertes Wort

CONST Konstantenname = konstanter Wert;
Die Konstanten-Vereinbarung wird durch CONST eingeleitet, um Konstantennamen feste Werte zuzuweisen. Auf eine Konstante wird später nur lesend zugegriffen. Anstelle von 14 und 3.5 können Namen benutzt werden:

```
CONST Mehrwertsteuersatz = 14; TreueRabatt = 3.5
```

CONST Konstantenname = Ausdruck;
Konstante Ausdrücke (ab Version 5.0): An jeder Stelle, an der eine Konstante stehen darf, kann ein Ausdruck angegeben werden. Drei Ausdrücke bei CONST:

```
CONST Mwst = 14/100; Faktor = n/Zahl; Name = 'Klau'+'s';
```

Konstanter Ausdruck in TYPE-Vereinbarung:

```
TYPE Reihe = ARRAY[1..2+Anzahl*4];
```

CONST Typkonstantenname: Typ = Anfangswert;
Eine Typkonstante (typed constant) wird als initialisierte Variable verwendet. In der CONST-Vereinbarung ordnet man jedem Namen einen Datentyp und Anfangswert zu, um später lesend wie schreibend zuzugreifen. CONST mit vordefinierten Typen (Beispiele):

```
CONST
  Minimum: Integer= -200;
  ZeileVor: Char = #13
  ZeileNeu: STRING[2] = #10#11;
  Bezeichnung: STRING[30] = 'Clematis';
  Wort: ARRAY[1..4] OF Char = ('B','o','n','n');
  Wort: ARRAY[1..4] OF CHar = 'Bonn';                    {identisch}
```

Vordefinierte Variable Aktuell mit benutzerdefinierten Datentypen:

```
TYPE
  Monat = (Jan,Geb,Mar,Apr,Mai,Jun,Jul,Aug,Sep,Okt,Nov,Dez);
  Datum = RECORD Tag:1..31; Mon:Nonat; Jahr: 1985..2020 END;
```

```
CONST
  Aktuell: Datum = (Tag:31; Monat:Aug; Jahr:1991);
```

Copy

String-Funktion

s := Copy(s0,p,n);
Aus String s0 ab Position p genau n Zeichen entnehmen und den Teilstring als Funktionsergebnis zurückgeben.
s0 als beliebiger Stringausdruck (Konstante, Variable).
p als Konstante/Variable vom Typ Integer bzw. Byte zwischen 1 und 255. Ist p größer als die Länge von s0, so wird '' als Leerstring zurückgegeben. n als Konstante/Variable vom Typ Integer bzw. Byte zwischen 1 und 255.
Den Teilstring 'eis' am Bildschirm anzeigen:

```
WriteLn(Copy('Wegweiser',5,3));
```

Der folgende Vergleichsausdruck ist immer True:

```
IF Copy('griffbereit',200,3) = '' THEN ...;
```

FUNCTION Copy(s:String; Pos,Laenge:Integer): String;

Cos

Arithmetische Funktion

r := Cos(RealAusdruck);
Den Cosinus für den Ausdruck (0..2 Pi wird als 0..360 Grad interpretiert) angeben. Ausgabe von 2.71828 als Beispiel:

```
WriteLn('Cosinus von 1 ergibt: ', Cos(1.0));
```

FUNCTION Cos(r:Real): Real;

Crt

Standard-Unit, 4

Die Unit Crt erweitert das DOS-Gerät Con und ermöglicht dem Benutzer die vollständige Kontrolle aller Ein- und Ausgaben. Wie alle Standard-Units ist auch Crt Bestandteil der Datei TURBO.TPL, die beim Systemstart automatisch geladen wird. Die Unit Crt umfaßt folgende Sprachmittel zur Unterstützung der Ein-/Ausgabe auf niedriger Ebene:

Konstanten für TextMode:
BW40=0 (sw 20*25m CGA-Karte), C040=1 (farbig 40*25, CGA-Karte), BW80 =2 (sw 80*25, CGA-Karte), C080 (farbig 80*25, CGA-Karte), Mono=7 (sw 80*25, monochrom), Font8x8=256 (80 Zeichen 43 bzw. 50 Zeilen für EGA bzw. VGA).

Konstanten für Vorder- und Hintergrundfarben:
Black=0, Blue=1, Green=2, Cyan=3, Red=4, Magenta=5, Brown=6 und LightGray=7.

Konstanten für Vordergrundfarben:
DarkGrey=8, LightBlue=9, LightGreen=10, LightCyan=11, LightRed=12, LightMagenta=13, Yellow=14, White=15 und Blink=128.

Variable CheckBreak (Programmabbruch für Strg-Break):

```
CONST CheckBreak: Boolean = True;
```

Variable CheckEoF (Dateiende-Markierung für Strg-Z):

```
CONST CheckEoF: Boolean = False;
```

Variable CheckSnow kontrolliert Prüfroutine:

```
CONST CheckSnow: Boolean = True;
```

Variable DirectVideo legt fest, ob Write direkt in den Bildspeicher schreibt oder nicht. Voreinstellung ist True:

```
CONST DirectVideo: Boolean = True;
```

Variable LastMode speichert bei jedem Aufruf von TextMode den Videomodus:

```
CONST LastMode: Word = VideomodusBeimStarten;
```

Variable TextAttr zur direkten bitweisen Farbzuordnung (B=Blinken, h=Hintergrund und v=Vordergrund:

```
VAR TextAttr: Byte;         7 6 5 4 3 2 1 0
                            B h h h v v v v
TextAttr := Red + Blue*16 + Blink; {rot blinkende Zeichen auf blau}
```

Variablen WindMax und WindMin enthalten die absoluten Koordinaten des aktiven Fensters:

```
VAR WindMin,WindMax: Word;
```

In Crt vordefinierte Prozeduren:
AssignCrt, ClrEoL, ClrScr, Delay, DelLine, GotoXY, HighVideo, InsLine, LowVideo, NormVideo, NoSound, ReadKey, RestoreCrt, Sound, TextBackground, TextColor, TextMode und Window.

In Crt vordefinierte Funktionen:
KeyPressed, WhereX und WhereY.

CSeg DSeg SSeg

Speicher-Funktionen, 4

i1 := CSeg; i2 := DSeg; i3 := SSeg;
Die Basisadresse des momentanen Codesegments, Datensegments bzw. Stacksegments als Word (in 3.0: Integer) zurückgeben.

FUNCTION CSeg/DSEG/SSEG. Word:

Debug

Menü-Befehl, 5, 5.5

Funktionen des integrierten Debuggers (ab Pascal 5.0):
- Evaluate: Pascal-Ausdrücke berechnen, verändern.
- Call stack: Return-Stack der Unterprogrammaufrufe.
- Find procedure: Eine Routine suchen und anzeigen.
- Integrated debugging: ... Fehlersuche integriert.
- standalone debugging: Info in EXE-Datei speichern.
- Display swapping: Bildschirm umschalten.
- Refresh display: Bildschirm neu aufbauen.

Zusammenfassung der Befehle des Debuggers:

Break/Add watch, Break/Delete watch, Break/Edit watch
- Watch-Ausdrücke in Watch-Fenster anfügen, ändern.
- Mit Strg-F6 (Switch) kann man alternativ direkt ins Watch-Fenster wechseln, um dort z.B. zu editieren.

Break/Remove all watches
- Alle Watch-Ausdrücke wieder löschen.

Break/Toggle breakpoint oder Strg-F8
- Abbruchpunkte setzen (zuerst Cursor auf die Quelltext-Zeile).
- Maximal 21 Abbruchpunkte im Programm.

Break/Clear all breakpoints, Break/View next breakpoint
- Abbruchpunkte löschen bzw. nächsten Abbruchpunkt aktivieren.

Debug/Evaluate oder Strg-F4
- Variablen bzw. Ausdrücke berechnen, anzeigen und verändern.
- Fenster Evaluate, Result und Next value.

Debug/Call stack oder Strg-F3
- Den Return-Stack mit allen gerade gerufenen Routinen anzeigen.
- Das Hauptprogramm als unterster Name im Stack.

Debug/Find Function
- Eine Prozedur oder Funktion suchen.
- Programm muß mit O/C/Debug information..On compiliert sein.

Debug/Refresh display
- Turbo Pascal-Bildschirm löschen und neu aufbauen.

Debug/Ingetrated Debugging
- Muß bei integrierter Umgebung immer auf On gesetzt sein.

Debug/Standalone debugging bzw. Debug/Display swapping
- Standardmäßig auf Off eingestellt belassen.

Run/Run oder Strg-F9
- Programmausführung bis zum ersten Abbruchpunkt.
- Fortsetzung des unterbrochenen Programms.

Run/Go to cursor, Run/step over und Run/Trace into:
- Gleiche Ablauflogik wie Run/Run.
- Programmausführung ab Cursorposition bzw. schrittweise.

Run/Program reset oder Strg-F2
- Fehlersuche mit dem Debugger beenden.
- Alle offenen Dateien schließen, Speicherbereiche freigeben, den Edit-Startbalken löschen.

Run/User screen oder Strg-F5
- Den DOS-Bildschirm aktivieren (identisch mit Alt-F5).
- Beliebige Teste führt zurück zum Bildschirm von Turbo Pascal.

Formatangaben für Watch und Evaluate im Watch-Fenster und im Debug/Evaluate-Fenster:

```
C           für Character. ASCII-Steuerzeichen 0-31 als
            Bildschirmzeichen ($03 als Spielkarte).
S           Für String. ASCII-Steierzeichen 0-31 im Format #nn.
D           Für Decimal. Ganze Zahlen in dezimaler Form.
H oder X    Für Hexadezimal. Ganze Zahl mit vorangestelltem $.
Fn          Für Floating point. Fließkommazahlen mit
            Nachkommastellen n=2-18.
M           Für Memory dump. Speicherauszug ab der Adresse.
            Beispiel: Ausdruck,MH für den Speicherauszug.
P           Für Pointer. Ausgabe im Format Segment:Offset.
R           Für Record. Für Record-Format und Varianten.
```

Beispiele für Debugger-Ausgaben im Fenster:

```
XArr[5],20h        Von XArray 20 Bytes ab 5. Element hex zeigen
XArr               Den kompletten Array namens XArr zeigen
XZei               Die von XZei angezeigte Adresse anzeigen
XZei^              Inhalt der von XZei adressierten Bereichs
XZei^.Feld^,RH     Bereich ab dem Recordelement Feld im Record-
                   Format und auch hexadezimal anzeigen
Mem[10:0],8        Bytes in Adressen $10:0 bis $10:7 hex zeigen
Mem[10:0],8MD      Nicht hex, sondern dezimal anzeigen
```

Debug

Menü-Befehl, 6

```
Evaluate/modify...  Ctrl-F4     Ausdrücke berechnen bzw. ändern
Watches                   >     Ausdrücke ins Watch-Fenster
Toggle breakpoint   Ctrl-F8     Unbedingte Breakpoints
Breakpoints...                  Bedingte Breakpoints
```

Dec

Ordinale Prozedur, 4

Dec(x [,n]);

x als Variable ordinalen Typs, um Anzahl n erniedrigen. Annahme n=1 für fehlendes n. Zwei identische Zuweisungen:

```
Dec(Z,4);    bzw.   Z := Z - 4;
```

PROCEDURE Dec(VAR x: OrdinalTyp [;n: Integer]);

Delay

E/A-Prozedur, Crt

Delay(Millisekunden);

Eine Warteschleife erzeugen. Abweichung in Pascal 3.0: Integer für von Word. Ungefähr fünf Sekunden warten:

```
Delay(5000);
```

PROCEDURE Delay(Millisekunden: Word);

Delete

String-Prozedur

Delete(s,p,n);
Aus dem String s ab Position p genau n Zeichen löschen. s als Name einer Variablen vom Typ STRING. p als Konstante oder Variable vom Typ Integer bzw. Byte zwischen 1 und 255. Ist p größer als die Länge des Strings, so wird nichts gelöscht. n als Konstante oder Variable vom Typ Integer bzw. Byte zwischen 1 und 255. Ist n größer als die Länge des Strings, werden nur die String-Zeichen gelöscht.
String s1 := 'Wegweiser' zu 'Wegser' verkürzen:

```
Delete(s1,4,3);
```

String s4 := 'griffbereit' zu 'griff' verkürzen:

```
Delete(s4,6,200);
```

PROCEDURE Delete(VAR s:String; p,n:Integer);

DelLine

E/A-Prozedur, Crt

DelLine;
Die Zeile löschen, in der der Cursor gerade steht. DelLine arbeitet relativ zum aktiven Fenster.
Bildschirmzeile 20 mit den Spalten 1 bis 70 löschen:

```
Window(1,20,70,50); GotoXY(1,1); DelLine;
```

PROCEDURE DelLine;

DetectGraph

Grafik-Prozedur, Graph, 4

DetectGraph(Treiber,Modus);
Den Grafiktreiber feststellen, um dann selbst einen bestimmten Modus zu setzen. Den CGA-Modus setzen, wenn eine EGA-Karte verfügbar ist:

```
DetectGraph(Treiber,Modus);
IF Treiber=EGA THEN BEGIN
                      Treiber:=CGA; Modus:=CGAHi;
                    END;
```

PROCEDURE DetectGraph(VAR Treiber,Modus: Integer);

DirectVideo

E/A-Variable, Crt, 4

Festlegen, ob mit Write bzw. WriteLn direkt in den Bildspeicher geschrieben wird (Voreinstellung) oder nicht.

CONST DirectVideo: Boolean = True;

DiskFree

Plattenstatus-Funktion, Dos, 4

i :– DiskFree(LaufwerkNr);
Freien Speicherplatz für ein Laufwerk angeben. LaufwerkNr: 0=aktiv, 1=A:, 2=B:,... Festplatte prüfen:

```
Write('In C: sind ',DiskFree(3) DIV 1024,' KB frei);
```

FUNCTION DiskFree(LaufwerkNr:Word): LongInt;

DiskSize

Plattenstatus-Funktion, Dos, 4

i := DiskSize(LaufwerkNr);
Gesamtkapazität eines Laufwerks angeben. LaufwerkNr: 0=aktiv, 1=A:, 2=B:, 3=C:, ... Das Ergebnis -1 wird bei ungültiger LaufwerkNr zurückgegeben.

FUNCTION DiskSize(LaufwerkNr:Word): LongInt;

Dispose

Heap-Prozedur

Dispose(Zeigervariable);
Den auf dem Heap für eine Zeigervariable reservierten Speicherplatz wieder freigeben. Siehe HeapOrg, New.
Heap-Speicherplatz, auf den Zeiger p3 weist, freigeben:

```
Dispose(p3);
```

PROCEDURE Dispose(VAR p: Pointer);

Dispose(Zeigervariable, Destruct);
Zusätzlich für die OOP einen Destruktor-Aufruf angeben. Siehe New. Um die dynamische Objektvariable freizugeben, lassen sich die zwei Anweisungen links zu einer Anweisung rechts verkürzen:

```
p^.Destruct;                    Dispose(p,Destruct);
FreeMem(p, SizeOf(p^));
```

PROCEDURE Dispose(VAR p: PointerAufObjekt, Destruct);

DIV

Arithmetischer Operator

i := IntegerAusdruck DIV IntegerAusdruck;
Zwei Integer-Zahlen ganzzahlig dividieren. Siehe MOD. Bildschirmausgabe von 2 (Rest 6 mit MOD-Operator):

```
WriteLn(20 DIV 7);
```

DO

Reserviertes Wort

DO Anweisung;
Die auf DO folgende Anweisung (ggf. ein BEGIN-END-Verbund) ausführen. Siehe FOR, WHILE und WITH.

Dos

Standard-Unit, 4

Die Unit Dos stellt die Schnittstelle zum Betriebssystem dar und faßt alle DOS-bezogenen Sprachmittel zusammen.

Flag-Konstanten (nach Aufruf von Intr und MsDos):
FCarry = $0001, FParity = $0004, FAuxiliary = $0010, FZero = $0040, DSign = $0080, FOverflow = $0800;

Konstanten zum Öffnen und Schließen von Dateien:
fmClosed = $D7B0, fmInput = $D7B1, fmOutput = $D7B2, fmInOut = $D7B3;

Record-Typen FileRec und TextRec sowie Arraytyp TextBuf zur Speicherung von Dateivariablen:

```
TextBuf = ARRAY[0..127] OF CHar;
```

```
FileRec = RECORD                      {für FILE- und FILE OF-Dateien}
            Handle:    Word;
            Mode:      Word;
            RecSize:   Word;
            Private:   ARRAY[1..26] OF Byte;
            UserData:  ARRAY[1..26] OF Byte;
            Name:      ARRAY[0..79] OF Char;
          END;
TextRec = RECORD                      {für TEXT-Dateien}
            Handle:    Word;
            Mode:      Word;
            BufSize:   Word;
            Private:   Word;
            BufPos:    Word;
            BufEnd:    Word;
            BufPtr:    ^TextBuf;
            OpenFunc:  Pointer;
            InOutFunc: Pointer;
            FlushFunc: Pointer;
            CloseFunc: Pointer;
            UserData:  ARRAY[1..16] OF Byte;
            Name:      ARRAY[0..79] OF Char;
            Buffer:    TextBuf;
          END;
```

Dateiattribut-Konstanten:

ReadOnly = $01, Hidden = $02, SysFile = $04, VolumeID = $08, Directory = $10, Archive = $20 und AnyFile = $3F.
Konstanten sind additiv:

```
FindFirst('C:*.*', ReadOnly + Directory, S);
```

Vordefinierter Record-Typ Registers für Intr und MsDos:

```
TYPE Registers = RECORD CASE Integer OF
                   0: (AX,BX,CX,DX,BP,SI,DI,DS,ES,Flags: Word);
                   1: (AL,AH,BL,BH,CL,CH,DL,DH: Byte);
                 END;
```

Record-Typ DateTime für PackTime und UnpackTime:

```
TYPE DateTime = RECORD
                  Year,Month,Day,Hour,Min,Sec: Integer;
                END;
```

Record-Typ SearchRec für FindFirst und FindNext:

```
TYPE SearchRec = RECORD
                   Fill: ARRAY[1..21] OF Byte;
                   Attr: Byte;
                   Time,Size: LongInt;
                   Name: STRING[12];
                 END;
```

Variable DosError zur Übergabe von Fehlernummern:

0 fehlerfrei, 2 Datei nicht gefunden, 3 Pfad nicht gefunden, 5 Zugriff verweigert, 6 Handle ungültig, 8 zu wenig Hauptspeicherplatz, 10 Umgebungsparameter ungültig, 11 ungültiges Befehlsformat, 18 keine weiteren Dateieinträge.

```
VAR DosError: Integer;
```

Interrupt-Prozeduren:

GetIntVec, Intr, MSDos, SetIntVec

Dateieintrag-Funktionen:

FindFirst, FindNext, GetFAttr, SetFAttr, FSplit, FExpand, FSearch.

Datum-Prozeduren:

GetDate, GetFTime, GetTime, PackTime, SetDate, SetFTime, SetTime, UnpackTime

Plattenstatus-Funktionen:

DiskFree, DiskSize

Prozeß-Funktionen und -Prozeduren:

DosExitCode, Exec, Keep, SwapVectors

Funktionen zur Ermittlung von Environment-Einträgen:

EnvCount, EnvStr, GetEnv

Funktionen und Prozeduren für DOS-Parameter:

GetCBreak, SetCBreak, DosVersion, GetVerify, SetVerify.

DosError
E/A-Variable, Dos, 4

Variable zur Übergabe folgender Fehlercodes bei den Routinen der Unit Dos: 0 = fehlerfrei, 2 = Datei nicht gefunden, 3 = Suchweg nicht gefunden, 5 = Zugriff verweigert, 6 = Handle ungültig, 8 = RAM zu klein, 10 = Umgebung ungültig, 11 = Befehlsformat falsch, 18 = keine weiteren Dateieinträge.

CONST DosError: Integer = 0;

DosExitCode
Prozeß-Funktion, Dos, 4

w := DosExitCode;
Exit-Code eines als Unterprozeß gestarteten Programms liefern. Niederwertiges Ergebnisbyte 0 (normales Ende) bzw. ungleich 0 (Ende über Halt usw.). Höherwertiges Ergebnisbyte 0 (normal), 1 (Ctrl-C oder Ctrl-Break), 2 (Gerätefehler) oder 3 (Keep).

FUNCTION DosExitCode: Word;

DosVersion
Status-Funktion, Dos, 5

w := DosVersion;
Versionsnummer von DOS: Höherwertiges Byte für Neben- und niederwertiges Byte für Haupt-Versionsnummer ($2003 für DOS 3.2).

```
WriteLn('Version: ',Lo(DosVersion,'.',Hi(DosVersion));
```

FUNCTION DosVersion: Word;

Double
Standard-Datentyp, 4

VAR Variablenname: Double;
Real-Datentyp mit einem Wertebereich von 5.0*E-324 bis 1.7*10E+308 und einer Genauigkeit von 15-16 Stellen. Es wird ein numerischer Coprozessor vorausgesetzt. Siehe {$E+} und {$N+}.

DOWNTO
Reserviertes Wort

FOR ... DOWNTO ...
Zähler um jeweils 1 vermindern. Siehe FOR-Schleife.

Draw
Grafik-Prozedur, Graph3

Draw(x1,y1,x2,y2,Farbe)
Eine Linie vom Punkt (x1,y1) zum Punkt (x2,y2) zeichnen bzw. - falls Hintergrundfarbe eingestellt - löschen. Farbe mit 0-3 gemäß aktiver Palette (GraphColorMode), -1 gemäß ColorTable bzw. gesetzter Farbe (HiResColor).

PROCEDURE Draw(x1,y1, x2,y2, Farbe: Integer);

DrawPoly

Grafik-Prozedur, Graph, 4

DrawPoly(AnzahlPunkte,Eckpunkte);
Den Umriß eines Polygons zeichnen. AnzahlPunkte gibt die Anzahl der Koordinaten an. Eckpunkte als untypisierter Parameter (siehe PointType-Typ in Unit Graph) enthält die Koordinaten.

PROCEDURE DrawPoly(AP:Word; VAR Eckpunkte);

DSeg

Speicher-Funktion

w := DSeg;
Adresse des Datensegments angeben. Siehe CSeg. Der von DSeg gelieferte Inhalt des Prozessor-Registers DS beinhaltet die Adresse des Segments, in dem die globalen Variablen stehen:

```
WriteLn(DSeg,':0000 als Startadresse');
WriteLn('der globalen Variablen des Programms.');
```

FUNCTION DSeg: Word;

Edit

Menü-Befehl, 3

Über den Befehl Edit wird der Editor aufgerufen und über F10 (erst ab Pascal 4.0) oder Strg-KD verlassen. Wichtige Block-Operationen sind: Blockanfang Strg-KB, Blockende Strg-KK, Kopieren Strg-KC, Verschieben Strg-KV, Löschen Strg-KY, Einlesen Strg-KR, Schreiben Strg-KW, Verdecken-/Anzeigen Strg-KH, Drucken Strg-KP und Unterbrechen Strg-U. Tasten Strg (Steuerung) bzw. Ctrl (Control).

Edit

Menü-Befehl, 6

Restore line		Den Text in der aktiven Zeile löschen
Cut	Shift-Del	Text ins Clipboard (Zwischenablage) löschen
Copy	Ctrl-Ins	Text ins Clipboard kopieren
Paste	Shift-Ins	Text vom Clipboard zum Cursor
Copy example		Beispiel von Help-Fenster ins Clipboard
Show clipboard		Das Clipboard-Fenster öffnen
Clear	Ctrl-Del	Den ausgewählten Text löschen

Ellipse

Grafik-Prozedur, Graph, 4

Ellipse(x,y,StartWinkel,EndWinkel,XRadius,YRadius);
Einen elliptischen Kreisausschnitt mit dem Horizontalradius XRadius und dem Vertikalradius YRadius zeichnen (Winkelangaben siehe Circle). Zehn konzentrische Kreise in den Farben 1 bis 10:

```
FOR k := 1 TO 10 DO
BEGIN
  SetColor(k); Ellipse(100,100, 0,360, Radius1,Radius2);
  Inc(Radius1,10); Inc(Radius2,8));
END;
```

PROCEDURE Ellipse(x,y:Integer; W1,W2,R1,R2: Word);

ELSE

Reserviertes Wort

Zweiseitige Auswahl. Siehe Anweisung IF-THEN-ELSE.

END

Reserviertes Wort

Eine mit ASM, OBJECT, PROGRAM, PROCEDURE, RECORD, UNTIL, CASE bzw. BEGIN eingeleitete Struktur beenden.

EnvCount

Speicher-Funktion, Dos, 5

i := EnvCount;
Die Anzahl von Einträgen der Tabelle Environment liefern, die jedem DOS-Programm vorangestellt ist, um mit EnvStr zuzugreifen.

FUNCTION EnvCount: Integer;

EnvStr

Speicher-Funktion, Dos, 5

String := EnvStr(Eintragsnummer);
Den Eintrag in der Tabelle Environment als String der Form Name=Text zurückgeben.

```
FOR i:= 1 TO EnvCount DO WriteLn(EnvStr(i));
```

FUNKTION EnvStr(Indexnummer:Integer): String;

EoF

Datei-Funktion

b := EoF(Dateivariable);
Die Boolesche EoF-Funktion ergibt True, sobald der Dateizeiger auf das Ende der Datei (d.h. hinter den letzten Eintrag) bewegt wird. EoF gilt für alle Dateitypen (FILE OF, FILE, TEXT). Das Dateiende wird durch #26 bzw. $1A gekennzeichnet.
Wiederholung, solange das Dateiende nicht erreicht ist:

```
WHILE NOT EoF(TelFil) DO ...;
```

Boolesche Kontrollvariable:

```
DateiendeErreicht := EoF(ArtikelFil);
```

FUNCTION EoF(VAR f): Boolean; *{FILE, FILE OF}*
FUNCTION EoF(VAR f: Text): Boolean; *{TEXT-Datei}*

EoLn

Datei-Funktion

b := EoLn(Textdateivariable);
Die Boolesche Funktion ergibt True, sobald der Dateizeiger auf das Zeilenende einer Textdatei bewegt wird. Ist EoF True, wird auch EoLn auf True gesetzt. Zeilenendekennzeichen ist CRLF, #13#10 bzw. $0D$0A.

```
IF EoLn(Brief) THEN ...;
```

FUNCTION EoLn(VAR f): Boolean;
FUNCTION EoLn(VAR f:Text): Boolean;

Erase

Datei-Prozedur

Erase(Dateivariable)
Eine zuvor mit Close geschlossene Datei beliebigen Typs von Diskette entfernen und das Inhaltsverzeichnis aktualisieren. Beispiel:

```
VAR TelFil: FILE;
BEGIN
```

```
    Assign(TelFil, 'B:Telefon1.DAT');
    {$I-} Reset(TelFil); {$I+}
    IF IOResult <> 0 THEN
      WriteLn('Datei nicht vorhanden.')
    ELSE BEGIN
          Close(TelFil); Erase(TelFil);
        END;
END.
```

PROCEDURE Erase(VAR f);

Exec

Prozeß-Prozedur, Dos, 4

Exec(Pfad,Parameter);
Ein Programm aus einem anderen Programm heraus starten und ausführen. Pfad enthält den Programmnamen. Optional können Kommandozeilen-Parameter übergeben werden:

```
Write('Name? '); ReadLn(Programmname);
Write('Parameter? '); ReadLn(Kommandozeile);
Exec(Programmname,Kommandozeile);
WriteLn('... wieder im rufenden Programm ...');
```

PROCEDURE Exec(Pfad, Parameter: String);

Exit

Anweisung

Exit;
Den aktuellen Anweisungsblock verlassen. Verwendung zur Ausnahmefallbehandlung. Die REPEAT-Schleife sowie auch die Routine, in der REPEAT steht, nach Tastendruck verlassen:

```
REPEAT
  ...;
  IF KeyPressed THEN Exit;
  ...;
UNTIL False;
```

PROCEDURE Exit;

ExitProc

Standard-Variable, 4

Globale Zeigervariable, über die bei jedem Programmende (normal, Halt, Laufzeitfehler) ein Aufruf stattfindet. Durch Zuweisung kann der Benutzer seine eigene Exit-Prozedur definieren.

VAR ExitProc: Pointer;

Exp

Arithmetische Funktion

r := Exp(RealAusdruck);
Den Exponenten "e hoch ..." angeben (siehe Funktion Ln). e hoch 1 ergibt 2.7182818285 als Zahl e aus:

```
WriteLn('Zahl e ist: ',Exp(1.0));
```

FUNCTION Exp(r: Real): Real;

Extended

Standard-Datentyp, 4

Var Dateiname: Extended
Real-Datentyp mit einem Wertebereich von 1.9*E-4951 bis 1.1*E+4932 und einer Genauigkeit von 19-20 Stellen. Es wird ein

numerischer Coprozessor vorausgesetzt (ab Version 5.0 emulierbar).

EXTERNAL

Direktive

PROCEDURE Name(Parameterliste); EXTERNAL;
Ein in Maschinensprache geschriebener Unterablauf (FUNCTION, PROCEDURE) kann getrennt compiliert und dann über den Compiler-Befehl {$L Dateiname} in das Programm eingebunden (gelinkt) werden. Siehe INLINE (kurze Routinen), ASM..END.

```
PROCEDURE FillLong(VAR Target; T:LongInt); EXTERNAL;
```

Fail

Datei-Prozedur, 6

Fail;
In einer Konstruktor-Methode die dynamische Instanz eines Objekttyps, die beim Beginn des Konstruktors angelegt wurde, freigeben; danach wird der Konstruktor verlassen.

```
Kunde.Done; Fail;                    {das Kunde-Objekt freigeben}
```

PROCEDURE Fail;

False

Standard-Konstante

IF False ...;
Mit False (unwahr für: NOT True) vordefinierte Boolean-Konstante.

b := False;

FAR

Direktive, 6

PROCEDURE Name(Parameterliste); FAR;
Der Code für NEAR-Aufrufe von Unterprogrammen ist schneller als der für FAR-Aufrufe; das NEAR-Speichermodell hat aber den Nachteil, daß das Unterprogramm nur von dem Modul aus aufgerufen werden kann, in dem es vereinbart worden ist. Eine im INTERFACE-Teil einer Unit vereinbarte Routine (Prozedur, Funktion) benutzt automatisch das FAR-Modell, sonst (wenn sie nur im IMPLEMENTATIONS-Teil erscheint) jedoch das NEAR-Modell. Die **FAR-Direktive** muß explizit nach der Kopfzeile angegeben werden, wenn:

- Overlays im Programm Verwendung finden.
- Prozedur-Variablen zugewiesen werden. Siehe TYPE.
- der Compiler Befehl {$F+} nicht angegeben worden ist (die Voreinstellung {$F-} wählt NEAR bzw. FAR selbst).

Fehlermeldungen (Laufzeit)

Meldungen, 6

```
  1  Invalid function number       157  Unknown media type
  2  File not found                158  Sector Not Found
  3  Path not found                159  Printer out of paper
  4  Too many open files           160  Device write fault
  5  File access denied            161  Device read fault
  6  Invalid file handle           162  Hardware failure
 12  Invalid file access code      200  Division by zero
 15  Invalid drive number          201  Range check error
 16  Cannot remove directory       202  Stack overflow error
 17  Cannot rename drives          203  Heap overflow error
100  Disk read error               204  Invalid pointer operation
101  Disk write error              205  Floating point overflow
102  File not assigned             206  Floating point underflow
103  File not open                 207  Invalid floating point
```

104	File not open for input	208	Overlay manager not installed
105	File not open for output	209	Overlay file read error
106	Invalid numeric format	210	Object not initialized
150	Disk is write-protected	211	Call to abstract method
151	Bad drive request	212	Stream registration error
152	Drive not ready	213	Collection index out of range
154	CRC error in data	214	Collection overflow
156	Disk seek error		

FExpand

Datei-Funktion, Dos, 5

Pfad := FExpand(Dateiname);
Den Dateinamen um den Suchpfad erweitern. Für das aktive Verzeichnis C:\SPRACHE\TP\BSP z.B. C:\SPRACHE\TP\BSP\ZINS4-.PAS liefern:

```
WriteLn(FExpand('zins4.pas'));
```

FUNCTION FExpand(Pfad:PathStr): PathStr;

FILE

Datenstruktur

VAR Dateiname: FILE;
Durch FILE wird eine nichttypisierte Datei vereinbart, die unstrukturiert ist, d.h. weder in Textzeilen (Dateityp TEXT) noch in gleichlange Datensätze (Dateityp FILE OF) unterteilt ist. Eine FILE-Datei benötigt auch keinen Pufferspeicher. Prozeduren Assign, Reset, Rewrite und Close zum Öffnen bzw. Schließen. Prozeduren BlockRead und BlockWrite zum blockweisen Zugriff. Dateivariable namens SehrGrosseDatei unstrukturiert:

```
VAR SehrGrosseDatei: FILE;
```

File

Menü-Befehl, 4

Der Befehl File stellt über ein Rolladenmenü alle Befehle zum Zugriff auf Festplatte bzw. Diskette zur Verfügung.
Load-Befehl zum Laden bzw. Erzeugen einer Datei.
Pick-Befehl zum Auswählen der maximal 8 zuletzt bearbeiteten Dateien.
New-Befehl zum Löschen der aktiven Datei im Edit-Fenster.
Save-Befehl zum Speichern der aktiven Datei im Edit-Fenster auf Diskette oder Festplatte.
Write to-Befehl zum Speichern wie mit Save, jedoch unter einem anderen Dateinamen.
Directory-Befehl zum Anzeigen des Inhaltsverzeichnisses von Diskette bzw. Festplatte (Dateigruppenzeichen "*" und "?" möglich).
Change dir-Befehl zum Einstellen eines neuen Suchweges.
OS shell-Befehl zum Wechseln in die Betriebssystem-Ebene von MS-DOS (Rückkehr mittels Exit).
Quit-Befehl zum Verlassen der Turbo Pascal-Ebene.

File

Menü-Befehl, 6

Menüpunkt	Taste	Bedeutung
Open...	F3	Ein neues Fenster im Edit-Fenster öffnen
New		Neue Datei in neuem Edit-Fenster erzeugen
Save	F2	Inhalt des Edit-Fensters speichern
Save as...		Edit-Fenster unter neuem Namen speichern
Save all		Alle geänderten Dateien sichern
Change dir...		Ein Default-Directory einstellen
Print		Inhalt des aktiven Edit-Fensters drucken
Get info...		Über den Systemstatus informieren
DOS shell		Zu MS-DOS wechseln (mit EXIT zurück)
Exit	Alt-X	Das Turbo Pascal-System verlassen

FILE OF

Datenstruktur

VAR Dateiname: FILE OF Komponententyp;
Eine durch FILE OF vereinbarte typisierte Datei besteht aus Komponenten bzw. Datensätzen, die alle den gleichen Typ und die gleiche Länge aufweisen. In der kaufmännischen DV überwiegen Datensätze aus Record-Typen.
Prozeduren zur Dateibearbeitung:

```
Assign, Reset, Rewrite, Read, Flush, Seek, Write und Close.
```

Funktionen zur Dateibearbeitung:

```
EoF, FilePos, FileSize und IOResult.
```

Artikeldatei mit Sätzen vom Record-Typ Artikelsatz:

```
VAR Artikeldatei: FILE OF Artikelsatz;
```

FileMode

Standard-Variable, 4

Variable zum Festlegen der Zugriffsberechtigungen, mit denen sowohl typisierte als auch untypisierte Dateien zu öffnen sind.

FilePos

Datei-Funktion

i := FilePos(Dateivariable);
Die Nummer des Datensatzes anzeigen, auf den der Dateizeiger einer geöffneten Direktzugriffdatei gerade zeigt.

```
IF FilePos(TelFil) = 0
  THEN WriteLn('Dateizeiger auf Satz 0 als 1. Satz');
AktuellerSatz := FilePos(TelFil);
```

FUNCTION FilePos(VAR f): LongInt;

FileSize

Datei-Funktion

i := FileSize(Dateivariable);
Die Anzahl der Datensätze einer Direktzugriffdatei als LongInt-Wert angeben. Nach dem Anlegen einer Datei meldet FileSize stets 0:

```
Rewrite(TelFil);
WriteLn('Leerdatei mit ',FileSize(TelFil),' Sätzen.');
```

FUNCTION FileSize(VAR f): LongInt;

FillChar

Speicher-Prozedur

FillChar(Zielvariable, AnzahlZeichen, Zeichen);
Einer Zielvariablen (einfacher Typ, Array- oder Recordkomponenten) bestimmte Zeichen zuordnen. Ist die AnzahlZeichen zu groß, wird der an die Variable anschließende Speicher überschrieben. Der Wert des angegebenen Zeichens (Byte- oder Char-Typ) muß zwischen 0 und 255 liegen (in Pascal 3.0: Ziel und n vom Integer-Typ). Die Stringvariable Name mit 60 '='-Zeichen füllen.

```
VAR Name:STRING[61];                    {Längenbyte an 1. Stelle}
BEGIN FillChar(Name,SizeOf(Name),'=');
```

PROCEDURE FillChar(VAR Ziel,n: Word, Daten: Byte);
PROCEDURE FillChar(VAR Ziel,n: Word, Daten: Char);

FillEllipse

Grafik-Prozedur, Graph, 5

FillEllipse(x,y, XRadius, YRadius);
Einen ausgefüllten elliptischen Kreis um (x,y) mit den Radien XRadius (horizontal) und YRadius (vertikal) zeichnen.

PROCEDURE FillEllipse(x,y:Integer; XRadius,YRadius:Word);

FillPattern

Grafik-Prozedur, Turbo3

FillPattern(x1,y1, x2,y2, Farbe);
Einen durch die Eckpunkte x1,y1 (links oben) und x2,y2 (rechts unten) begrenzten Bereich mit dem über die Prozedur Pattern definierten Muster füllen. Bitwert 1 erscheint in der angegebenen Farbe (0-3 gemäß Palette bei GraphColorMode, -1 bei ColorTable bzw. HiResColor-Farbe bei HiRes), Bitwert 0 bleibt unsichtbar.
Das in der Variablen Must4 abgelegtes Muster fÜllen:

```
Pattern(Must4); FillPattern(0,0,319,199,2);
```

PROCEDURE FillPattern(x1,y1,x2,y2,Farbe: Integer);

FillPoly

Grafik-Prozedur, Graph, 4

FillPoly(AnzahlPunkte,Eckpunkte);
Ein ausgefülltes Polygon zeichnen. AnzahlPunkte gibt die Anzahl der Koordinaten an. Eckpunkte als untypisierter Parameter enthält die Koordinaten.

PROCEDURE FillPoly(AnzahlPkte:Word; VAR Eckpkte);

FillScreen

Grafik-Prozedur, Graph3

FillScreen(Farbe);
Das aktive Bildschirmfenster mit einer Farbe (0-3 gemäß Palette bei GraphColorMode, -1 bei ColorTable bzw. HiResColor-Farbe bei HiRes) füllen.

PROCEDURE FillScreen(Farbe: Integer);

FillShape

Grafik-Prozedur, Graph3

FillShape(x,y, FüllFarbe, RandFarbe);
Einen durchgehend von Linie, Rechteck, Kreis usw. eingegrenzten Bereich mit den angegebenen Farben (0-3 gemäß Palette bei GraphColorMode, mit HiResColor eingestellte Farbe bei HiRes) füllen.

PROCEDURE FillShape(x,y,Farbe1,Farbe2: Integer);

FindFirst

Dateieintrag-Funktion, Dos, 4

FindFirst(Dateiname,Dateiattribut,Ergebnis);
Im Directory nach dem ersten Vorkommen eines Dateinamens suchen und diesen Namen in Ergebnis bereitstellen. Die Dateiattribut-Konstanten sind unter Dos angegeben. Ergebnis hat den in Dos definierten SearchRec-Typ.
Den Namen der ersten PAS-Datei mit dem Attribut Archive suchen:

```
VAR Erg: SearchRec;
BEGIN
  FindFirst('*.PAS',Archive,Erg); WriteLn(Erg.Name);
```

PROCEDURE FindFirst(N:String; A:Byte; VAR E:SearchRec);

FindNext

Dateieintrag-Funktion, Dos, 4

FindNext(Ergebnis);
Im Directory eine mit FindFirst gestartete Suche fortsetzen und Variable DosError auf 18 setzen, falls kein weiterer Dateieintrag gefunden wird.

PROCEDURE FindNext(VAR Ergebnis: SearchRec);

FloodFill

Grafik-Prozedur, Graph, 4

FloodFill(x,y,Randfarbe);
Einen von der Randfarbe begrenzten Bereich vom Punkt (x,y) ausgehend mit dem aktiven Muster füllen. Beispiel siehe InitGraph.

PROCEDURE FloodFill(x,y,Randfarbe: Word);

Flush

Datei-Prozedur

Flush(Dateivariable);
Den Inhalt des im RAM befindlichen Dateipuffers auf den Externspeicher ablegen (erzwungene Ausgabe).

PROCEDURE Flush(VAR f:Text);

FOR-DO

Anweisung

FOR Zähler := Anfang TO/DOWNTO Ende DO
Anweisung;
Eine Zählerschleife kontrollieren: Anweisung(sblock) hinter DO wiederholen, bis der Endwert der Zählervariablen erreicht ist. Die Zählervariable wird jeweils um 1 erhöht (TO) oder vermindert (DOWNTO). Die Zählervariable und die Ausdrükke für Anfangs- und Endwert müssen vom gleichen ordinalen Datentyp sein (Real nicht erlaubt). Der Zählervariablen darf man im Anweisungsblock keinen Wert zuweisen: Neun Elemente von Array Umsatz zeigen:

```
FOR Index := 1 TO 9 DO WriteLn(Umsatz[Index]);
```

Diese Schleife wird kein einziges Mal durchlaufen:

```
FOR i := 77 TO 0 DO BEGIN s:=s+2; a:=a-3 END;
```

Zählervariable Tag vom Aufzähltyp (Mo,Di,Mo,Don,Fr,Sa):

```
FOR Tag := Fr DOWNTO Mo DO BEGIN ... END;
```

FORWARD

Direktive

PROCEDURE Prozedurkopf; FORWARD;
Das Wort FORWARD schreibt man anstelle des Prozedurblocks, um eine Prozedur aufzurufen, bevor ihr Anweisungsblock vereinbart worden ist. Siehe PROCEDURE und FUNCTION.
Für Demo wird zuerst nur der Prozedurkopf vereinbart:

```
PROCEDURE Demo(VAR r:Real); FORWARD;
```

Später folgt der Anweisungsblock (die Parameterliste wird nun weggelassen):

```
PROCEDURE Demo; BEGIN ... END;
```

ForWd

Turtle-Prozedur, Graph3

Forwd(PixelAnzahl);
Die Turtle von der aktuellen Position um die angegebene PixelAnzahl nach vorne (+) bzw. zurück (-) bewegen.

PROCEDURE Forwd(Anzahl: Integer);

Frac

Arithmetische Funktion

r := **Frac(RealAusdruck);**
Den Nachkommateil bzw. Dezimalrestteil des Ausdrucks angeben.
2.445 - Int(2.445) ergibt 0.2445 und ist identisch mit:

```
WriteLn(Frac(2.445));
```

FUNCTION Frac(r:Real): Real;

FreeList

Standard-Variable

Ab Version 6.0 arbeitet ein neuer Heap-Manager: Heap-Speicherplatz wird stets in konstant 8 Bytes großen Blöcken zugeteilt; die Fragmentliste der Versionen 5.x (verschieden große Blöcke, Verweise, von oben nach unten wachsend) gibt es nicht mehr; Das System rundet auf ein Vielfaches von 8 Bytes auf; so wird einem angeforderten Speicherbereich von 9 Bytes ein 16 Bytes großer Block zugeteilt. Die freien Blöcke werden als Liste verkettet, wobei die Variable **FreeList** auf den ersten freien Block zeigt. Organisation der ersten 8 Bytes des freien Blocks:

```
TYPE PFreeRec = ^TFreeRec;
     TFreeRec = RECORD
                  Next: PFreeRec;  {zeigt auf nächsten freien Block}
                  Size: Pointer;   {Größe des freien Blocks}
                END;
```

FreeMem

Heap-Prozedur

FreeMem(Zeigervariable, AnzahlBytes);
Den über die Prozedur GetMem reservierten Speicherplatz auf dem Heap wieder freigeben. Die AnzahlBytes von FreeMem und GetMem müssen exakt gleich sein. Siehe HeapPtr.

PROCEDURE FreeMem(VAR p:Pointer; Bytes:Word);

FreeMin

Standard-Variable, 4 bis 5.5

Die Minimalgröße des freien Speicherbereichs zwischen HeapPtr und FreeList einstellen (ab 6.0 nicht mehr gebraucht, da neues Heap-Management (siehe FreeList). Fragmentliste ab 500 Einträgen:

```
FreeMin := 4000;                {da 8 Bytes je Eintrag};
```

FreePtr

Standard-Variable, 4 bis 5.5

Obergrenze des freien Speicherplatzes auf dem Heap anzeigen (dazu $1000 zum Offset von FreePtr addieren). FreePtr zeigt auf die Startadresse der Fragmentliste, die als Array aus Records vereinbart ist:

```
TYPE
  FreeRec = RECORD OrgPtr,EndPtr: Pointer; END;
  FreeList = ARRAY[0..8190] OF FreeRec;
VAR FreePtr: ^FreeList;
```

FSearch

Datei-Funktion, Dos, 5

Pfadstring := FSearch(Dateibezeichnung,Directoryliste);
Eine Liste von Directories nach einem Dateieintrag absuchen und einen Nullstring oder den kompletten Suchweg zurückgeben. Alle Directories (da GetEnv) durchsuchen, die als PATH gesetzt sind:

```
WriteLn(FSearch('zins1.pas',GetEnv('PATH')));
```

FUNCTION FSearch(Pfad:PathStr; DirList:String);

FSplit

Datei-Prozedur, Dos, 5

FSplit(Dateibezeichnung,Pfad, Name,Dateityp);
Eine Dateibezeichnung in die Komponenten Pfad, Name und Dateityp zerlegen. In der Unit Dos sind vordefiniert:

```
TYPE PathStr=STRING[79];
DirStr=STRING[67];
NameStr=STRING[8];
ExtStr=STRING[4];
```

Nach dem Funktionsaufruf liefert DStr+NStr+EStr wieder die Dateibezeichnung C:\SPRACHE\TP\ZINS2.PAS:

```
FSplit('C:\SPRACHE\TP\ZINS2.PAS', DStr, NStr, EStr);
```

PROCEDURE FSplit(Pfad:PathStr; VAR Dir:DirStr;
VAR Name:NameStr; VAR Ext:ExtStr);

FUNCTION

Reserviertes Wort

FUNCTION Funktionsname [(Parameterliste)]: Typname;
[Direktive;]
[Vereinbarungen;]
BEGIN
...; {Anweisung(en)}
END;
Mit FUNCTION wird die Vereinbarung einer Funktion eingeleitet, die (wie die Prozedur) durch ihren Namen aufgerufen wird und (anders als die Prozedur) stets einen Wert als Funktionsergebnis zurückgibt. Aus diesem Grunde kann eine Funktion nur in einem Ausdruck aufgerufen werden. Dem Funktionsnamen muß in der Funktion ein Wert als Ergebnis zugewiesen werden.

Direktiven EXTERNAL, FAR, FORWARD, INLINE, NEAR siehe PROCEDURE (INTERRUPT-Direktive für Funktion unzulässig).
Parameter siehe PROCEDURE.
Funktion als Prozedur-Variable siehe TYPE.

Vereinbarung einer Boolean-Funktion namens GrosseZahl:

```
FUNCTION GrosseZahl(Wert:Real): Boolean;
  CONST ObereGrenze = 20000.0;
  BEGIN
    GrosseZahl := Wert > ObereGrenze;
  END;
```

Aufruf der Funktion GrosseZahl mit Real-Variable Betrag:

```
IF GrosseZahl(Betrag) THEN Write('... bitte zahlen.');
```

Externe Funktion über die Direktive EXTERNAL:

```
FUNCTION AusgStart:Boolean; EXTERNAL 'IO';
```

GetArcCoords

Grafik-Prozedur, Graph, 4

GetArcCoords(Daten);
Daten zum letzten Aufruf der Prozedur Arc wie folgt angeben:

```
TYPE ArcCoordsType = RECORD
    x,y: Integer;              {Mittelpunkt}
    Xs,Ys: Integer;            {Startpunkt}
    Xend,Yend: Integer;        {Endpunkt}
  END;
```

PROCEDURE GetArcCoords(VAR Daten:ArcCoordsType);

GetAspectRatio

Grafik-Procedur, Graph, 4

GetAspectRatio(XAspekt,YAspekt);
Physikalisches Höhen-/Seitenverhältnis des Bildschirms angeben. Höhe y für ein Quadrat mit Breite x zuweisen:

```
GetAspectRatio(XAsp,YAsp);
y := Round(x * XAsp/YAsp);
```

PROCEDURE GetAspectRatio(VAR X,Y: Word);

GetBkColor

Grafik-Funktion, Graph, 4)

w := GetBkColor;
Die aktive Hintergrundfarbe als Nummer des Eintrags in der Farbpalette angeben (0 als erster Eintrag).

FUNCTION GetBkColor: Word;

GetCBreak

Dos, Datei-Prozedur, 5

GetCBreak(Break);
Die als Break übergebene Variable (über DOS-Funktion $33) auf True setzen, falls DOS nur bei Ein-/Ausgaben auf Strg-Break prüft.

PROCEDURE GetCBreak(VAR Break: Boolean);

GetColor

Grafik-Funktion, Graph, 4

w := GetColor;
Die aktive Zeichenfarbe als Nummer des Eintrags in der Farbpalette angeben. Farben siehe Unit Graph.

FUNCTION GetColor: Word;

GetDate

Datum-Prozedur, Dos, 4

GetDate(Jahr,Monat,Tag,Wochentag);
Das aktuelle Kalenderdatum ermitteln.

PROCEDURE GetDate(VAR J,M,T,W: Word);

GetDefaultPalette

Grafik-Prozedur, Graph, 5

GetDefaultPalette(Palettentyp);
Die beim Start des Grafiktreibers gesetzte Farb-Palette angeben.

PROCEDURE GetDefaultPalette(VAR Palette:Palettetype);

GetDir

Datei-Prozedur

GetDir(Laufwerknummer,Pfadvariable);
Das aktuelle Laufwerk bzw. aktuelle Directory in der Pfadvariablen bereitstellen. Laufwerknummer 0=aktiv, 1=A:, 2=B: usw. Pfadvariable mit dem Ergebnisformat "Laufwerk:Pfadname". Den Pfad in Laufwerk B: ermitteln:

```
GetDir(2,AktuellerPfad);
```

PROCEDURE GetDir(Laufw:Byte; VAR Pfad:String)

GetDriverName

Grafik-Funktion, Graph, 5

s := GetDriverName;
Den Namen des Grafiktreibers als String liefern (vgl. InitGraph).

FUNCTION GetDriverName: String;

GetDotColor

Grafik-Funktion, Graph3

c := GetDotColor(x,y);
Die Farbnummer (0-3 bei 320*200-Grafik, 0-1 bei 640*200-Grafik) des jeweiligen Punktes ermitteln.

FUNCTION GetDotColor(x,y: Integer): Integer;

GetEnv

Speicher-Funktion, Dos, 5

Tabelleneintrag := GetEnv(EintragAlsString);
Einen Eintrag aus der Tabelle Environment lesen. Für den Eintrag PATH = BEISPIEL liefert GetEnv das Ergebnis 'BEISPIEL':

```
WriteLn('Als Pfad ist derzeit zugeordnet: ',GetEnv('PATH'));
```

Den Suchweg zum Befehlsprozessor angeben lassen:

```
Eintrag := GetEnv('COMSPEC');
IF Eintrag <> '' THEN WriteLn('COMMAND.COM in Pfad ',Eintrag);
```

FUNCTION GetEnv(Eintrag: String): String;

GetFAttr

Dateieintrag-Funktion, Dos, 4

GetFAttr(Dateivariable,Dateiattribut);
Die Dateiattribute (siehe Unit Dos) einer Datei angeben. Den Dateinamen als 1. Kommandozeilenparameter nennen:

```
Assign(TelFil,ParamStr(1));
GetFAttr(TelFil,Attri);
IF Attri AND (ReadOnly <> 0) THEN Write('Schreibschutz');
IF Attri AND (Archive <> 0) THEN Write('Normale Datei');
```

PROCEDURE GetFAttr(VAR f; VAR Attrib:Word);

GetFillSettings

Grafik-Prozedur, Graph, 4

GetFillSettings(DatenZumFüllmuster);
Daten zum aktiven Füllmuster angeben mit folgendem Graph-Typ:

```
TYPE FillSettingsType = RECORD
  Pattern: Word;          {Bitmuster der Flächenfüllung}
  Color: Word;            {Farbnummer 0 - 15}
END;
```

PROCEDURE GetFillSettings(VAR D: FillSettingsType);

GetFTime

Datum-Prozedur, Dos, 4

GetFTime(Dateivariable,Zeit):
Die Zeit seit der letzten Dateiänderung angeben und aus der Variablen Zeit mit der Prozedur UnpackTime auslesen.

PROCEDURE GetFTime(VAR f; Zeit:LongInt);

GetGraphMode

Datei-Funktion, Graph, 4

i := GetGraphMode;
Die Nummer des aktiven Grafikmodus im Bereich 0-3 angeben. Grafikmodi-Konstanten siehe Graph.

FUNCTION GetGraphMode: Integer;

GetImage

Grafik-Prozedur, Graph, 4

GetImage(Xlinks,Ylinks,Xrechts,Yrechts,Puffer);
Einen rechteckigen Bildausschnitt in die Puffervariable als untypisierten Parameter kopieren.

PROCEDURE GetImage(x1,y1,x2,y2: Word; VAR Puffer);

GetIntVec

Interrupt-Prozedur, Dos, 4

GetIntVec(VektorNummer,Vektor);
Den Inhalt des Interrupt-Vektors ermitteln. Ptr zeigt auf Anfangsadresse der Routine, die durch Befehl INT 21h aufgerufen wird.

```
GetIntVec(33, Ptr);
```

PROCEDURE GetIntVec(VNr: Byte; VAR v: Pointer);

GetLineSettings

Grafik-Prozedur, Graph, 4

GetLineSettings(ParameterVonSetLineStyle);
Die Parameter des letzten Aufrufs von SetLineStyle ermitteln (der Typ LineSettingsType ist in Unit Graph definiert).

PROCEDURE GetLineSettings(VAR Par: LineSettingsType);

GetMaxColor

Grafik-Funktion, Graph, 5

w := GetMaxColir;
Die größtmögliche Farbnummer nennen; diese entspricht der Größe

der Farbpalette minus 1 (z.B. EGA = 15).

FUNCTION GetMaxColor: Word;

GetMaxMode

Grafik-Funktion, Graph, 5

w := GetMaxMode;
Die Nummer des höchsten Grafikmodus für den Treiber nennen.

FUNCTION GetMaxMode: Word;

GetMaxX

Grafik-Funktion, Graph, 4

w := GetMaxX;
Maximal mögliche X-Koordinate des Bildschirms nennen. Beispiel: Für Modus EGAHi (640*350 Pixel) liefert GetMaxX den Wert 639.

FUNCTION GetMaxX: Word;

GetMaxY

Grafik-Funktion, Graph, 4

w := GetMaxY;
Die maximal mögliche Y-Koordinate des Bildschirms angeben, d.h. die Koordinate des unteren Bildschirmrandes.

FUNCTION GetMaxY: Word;

GetMem

Heap-Prozedur

GetMem(Zeigervariable, AnzahlBytes);
Auf dem Heap eine exakt genannte Anzahl von Bytes reservieren. Der belegte Speicherplatz kann über FreeMem wieder freigegeben werden. Im Gegensatz zu GetMem richtet sich der durch New reservierte Speicherplatz (maximal 65521 Bytes (64 KByte - $0F)) nach dem jeweiligen Datentyp. 3-Schritte-Vorgehen von GetMem(p,112):

1. Prüfen, ob noch Speicherplatz an Heapspitze frei ist (Laufzeitfehler).
2. HeapPtr um die Größe der neuen dynamischen Variablen p^ erhöhen.
3. Den bisherigen Wert von HeapPtr als Zeiger auf die neue dynamische Variable setzen.
4. HeapPtr dabei automatisch normalisieren (siehe HeapPtr).

PROCEDURE GetMem(VAR p:Pointer; Bytes:Word);

GetModeName

Grafik-Funktion, Graph, 5

Zur Nummer eines Grafikmodus den zugehörigen Namen liefern. Den Grafikmodus '640x350 EGA' anzeigen:

```
GraphDriver := EGA;
GraphMode := EGAHi; InitGraph(GraphDriver,GraphMode,'');
OutText(GetModeName(GraphMode));
```

FUNCTION GetModeName(Nummer:Word): String;

GetModeRange

Grafik-Prozedur, 5

GetModeRange(Grafiktreiber, MiniModus, MaxiModus);

Für einen Grafiktreiber (wie EGAHi) den niedrigstmöglichen und höchstmöglichen Grafikmodus angeben.

PROCEDURE GetModeRange(TreiberNr:Integer;VAR i,a:Integer);

GetPalette

Grafik-Prozedur, Graph, 4

GetPalette(Palette);
In der Variablen Palette über die aktive Farb-Palette gemäß der Typ-Vereinbarung in Unit Graph informieren.

PROCEDURE GetPalette(VAR Palette: PaletteType);

GetPaletteSize

Grafik-Funktion, Graph, 5

w := GetPaletteSize;
Die Anzahl der Einträge (16 für EGAHi) der Farb-Palette nennen.

FUNCTION GetPaletteSize: Word;

GetPic

Grafik-Prozedur, Graph3

GetPic(PufferVariable, x1,y1,x2,y2);
Den durch die Eckpunkte x1,y1 (links oben) und x2,y2 (rechts unten) begrenzten Rechteckbereich des Grafikbildschirms in einer Variablen speichern (siehe PutPic).

PROCEDURE GetPic(VAR a: Array OF Byte; x1,y1,x2,y2: Integer);

GetPixel

Grafik-Funktion, Graph, 4

w := GetPixel(x,y);
Die aktive Farbnummer eines bestimmten Pixels angeben.

FUNCTION GetPixel(x,y: Integer): Word;

GetTextSettings

Grafik-Prozedur, Graph, 4

GetTextSettings(TextParameter);
Die mit SetTextStyle und SetTextJustify gesetzten Parameter in der Variablen Par angeben (TextSettingsType siehe Unit Graph).

PROCEDURE GetTextSettings(VAR Par: TextSettingsType);

GetTime

Datum-Prozedur, Dos, 4

GetTime(Stunde,Minute,Sekunde,100_Sekunde);
Die Systemzeit im Format (0..23,0..59,0..59,0..99) angeben.

PROCEDURE GetTime(VAR Std,Min,Sek,HundertstelSek: Word);

GetVerify

Speicher-Prozedur, Dos, 5

Das DOS-Flag Verify (für True überprüft DOS geschriebene Diskettensektoren automatisch) in die genannte Variable kopieren.

PROCEDURE GetVerify(VAR Verify: Boolean);

GetViewSettings

Grafik-Prozedur, Graph, 4

GetViewSettings(FensterDaten);
Die Begrenzung des Zeichenfensters und den Wert der Clip-Funktion (aktiv = True) nennen (ViewPortType siehe Unit Graph).

PROCEDURE GetViewSettings(VAR Daten: ViewPortType);

GetX

Grafik-Funktion, Graph, 4

i := GetX;
Die X-Koordinate des Grafik-Cursors relativ zum aktiven Zeichenfenster angeben. In RelativPos steht 10, während die absolute Position 30 beträgt (durch GetViewSettings zu ermitteln):

```
SetViewPort(20,20,100,100,ClipOff);
MoveTo(10,10); RelativPos := GetX;
```

FUNCTION GetX: Integer;

GetY

Grafik-Funktion, Graph, 4

i := GetY;
Y-Koordinate des Cursors relativ zum aktiven Fenster.

FUNCTION GetY: Integer;

GOTO

Anweisung

GOTO Marke;
Die Programmausführung ab der angegebenen Sprungmarke fortsetzen. Marke und GOTO müssen im gleichen Block sein. Kontrollstrukturen und Exit-Prozedur machen GOTO überflüssig. Siehe LABEL-Vereinbarung. Zur Fehlerbehandlungsroutine ab Fehler: gehen:

```
GOTO Fehler;
...;
Fehler: Anweisung;
```

GotoXY

Bildschirm-Prozedur

GotoXY(Rechts,Runter);
Den Text-Cursor auf Spalte 1-80 (nach rechts) und Zeile 1-25 (nach unten) relativ zum aktiven Textfenster positionieren. Cursor in die rechte untere Bildschirmecke:

```
GotoXY(80,25);
```

Cursor in Spalte 30 nach rechts und in Zeile 10 nach unten setzen:

```
Window(30,10,70,20); GotoXY(1,1);
```

PROCEDURE GotoXY(x,y: Byte);

Graph

Standard-Unit

Die Unit Graph stellt ein Grafikpaket mit folgenden Konstanten,

Typen, Variablen, Prozeduren und Funktionen bereit:

Grafiktreiber-Konstanten zum Laden des Grafiktreibers mit InitGraph:

```
Detect = 0; {automatische Erkennung} CGA = 1; MCGA = 2; EGA = 3;
EGA64 = 4; EGAMono = 5; Reserved = 6; HercMono = 7; ATT400 = 8;
VGA = 9; PC3270 = 10;
```

Grafikmodus-Konstanten (durch InitGraph gesetzt):

```
CGAC1 = 0;       320x200, Palette 0: hellgrün, rosa, gelb, 1 Seite
CGAC2 = 1;       320x200, Palette 1: helltürkis,hellrot, weiß, 1 Seite
CGAC3 = 2;       320x200, Palette 2: grün, rot, braun, 1 Seite
CGAC4 = 3;       320x200, Palette 3: cyan, rot, hellgrau, 1 Seite
CGAHi = 2;       640x200, 1 Seite
MCGAC0 = 0;      320x200, Palette 0, 1 Seite
MCGAC1 = 1;      320x200, Palette 1, 1 Seite
MCGAC2 = 2;      320x200, Palette 2, 1 Seite
MCGAC3 = 3;      320x200, Palette 3, 1 Seite
MCGAMed = 4;     640x200, 1 Seite
MCGAHi = 5;      640x480, 2 Farben, 1 Seite
EGALo = 0;       640x200, 4 Seiten
EGAHi = 1;       640x350, 16 farben, 2 Seiten
EGA64Lo = 1;     640x200, 16 Farben, 1 Seite
EGA64Hi = 1;     640x350, 4 Farben, 1 Seite
EGAMonoHi = 3;   640x350, 1 Seite 64K, 4 Seiten 256K
HercMonoHi= 0;   720x348, 2 Seiten
ATT400C0 = 0;    320x200, Palette 0: hellgrün, rosa, gelb, 1 Seite
ATT400C1 = 1;    320x200, Palette 1: helltürkis, rot, weiß, 1 Seite
ATT400C2 = 2;    320x200, Palette 2: grün, rot, braun, 1 Seite
ATT400C3 = 3;    320x200, Palette 3: cyan, rot, hellgrau, 1 Seite
ATT400Med = 4;   640x200, 1 Seite
Att400Hi = 5;    640x400, 1 Seite
VGALo = 0;       640 x200, 16 Farben, 4 Seiten
VGAMed = 1;      640x350, 16 Farben, 2 Seiten
VGAHi = 2;       640x480, 16 Farben, 1 Seite
PC3270Hi = 0;    720x350, 1 Seite
IBM8514Lo = 0;   640x480, 256 Farben
IBM8514Hi = 1;   1024x768, 256 Farben
```

Ergebniscode-Konstanten von GraphResult:

```
grOK = 0; grNoInitGraph = -1; grNotDetected = -2;
grFileNotFound = -3; grInvalidDriver = -4; grNoLoadMem = -5;
grNoScanMem = -6; grNoFloodMem = -8; grNoFontMem = -9;
grInvalidMode = -10; grError = -11; grIOError = -12;
grInvalidFont = -13; grInvalidFontNum=-14; grInvalidDeviceNum = -15.
```

Farbe-Konstanten für SetPalette und SetAllPalette:

```
Black = 0; Blue = 1; Green = 2; Cyan = 3 {türkis}; Red = 4;
Magenta = 5 {fuchsinrot}; Brown = 6; LightGray = 7; DarkGray = 8;
LightBlue = 9; LightGreen = 10; LightCyan = 11; LightRed = 12;
LightMagenta = 13; Yellow = 15; White = 15;
```

Farbanzahl-Konstante zur Definition von PaletteType:

```
MaxColors = 15;
```

Farben für IBM-Adapter 8514 bzw. Standard-EGA:

```
EGABlack = 0; EGABlue = 1; EGAGreen = 2; EGACyan = 3; EGARed = 4;
EGAMagenta = 5; EGABrown = 20; EGALightgGray = 7; EGADarkgray = 56;
EGALightblue = 57; EGALightgreen = 58; EGALightcyan = 59;
EGALightred=60; EGALightmagenta = 61; EGAYellow = 62; EGAWhite = 63;
```

Linien-Konstanten für GetLineStyle und SetLineStyle:

```
SolidLn = 0;         {durchgezogen}
DottedLine = 1;      {Punkte}
CenterLn = 2;        {Punkt-Strich-Punkt}
DashedLn = 3;        {gestrichelt}
UserBitLn=4;
```

Linienbreite-Konstanten für GetLineStyle und SetLineStyle:

```
NormWidth = 1;       {normalbreit}
ThickWidth = 3;      {dick}
```

Text-Konstanten für Set/GetTextStyle:

```
DefaultFont = 0;     {8x8 Pixel}
TriplexFont = 1;     {Vektorzeichensätze}
SmallFont = 2;
```

```
SansSerifFont = 3;
GothicFont = 4;
HorizDir = 0;
VertDir = 1;
UserCharSize = 0;    {benutzerdefinierte Textgröße}
```

Justierungs-Konstanten für SetTextJustify:

```
LeftText = 0; CenterText = 1; RightText = 2;
BottomText = 0; CenterText = 1; TopText = 2;
```

Clipping-Konstanten (Linien abschneiden):

```
ClipOn = True; ClipOff = False;
```

Konstanten für Bar3D:

```
TopOn = True; TopOff = False;
```

Füllmuster-Konstanten für Get/SetFillStyle:

```
EmptyFill = 0;      SolidFill = 1;        {füllen mit Vordergrundfarbe}
LineFill = 2;       LtSlashFill = 3;      {////////}
SlashFill = 4;      BkSlashFill = 5;      {\\\\\\\\}
LtBkSlashFill = 6;  HatchFill = 7;        {leicht schraffiert}
XHatchFill = 8;     InterleaveFill = 9;   {abwechselnde Linien}
Wide DotFill = 10;  CloseDotFill = 11;    {Punkte dicht nebeneinander}
UserFill = 12;      {benutzerdefiniertes Muster}
```

Bit-Block-Tranfer-Konstanten für PutImage und SetWriteMode:

```
NormalPut=0 {MOV}; XORPut = 1; OrPut = 2; AndPut = 3; NotPut=4;
NormalPut = CopyPut; {zwecks Kompatibilität zu Version 4.0}
```

Vordefinierte Datentypen von Unit Graph:

```
PaletteType = RECORD
                Size: Byte;
                Colors: ARRAY[0..MaxColors] OF ShortInt;
              END;

LineSettingsType = RECORD
                     LineStyle, Pattern, Thickness:Word;
                   END;

TextSettingsType = RECORD
                     Font,Direction,CharSize,Horiz,Vert: Word;
                   END;

FillSettingsType = RECORD
                     Pattern, Color: Word;
                   END;

FillPatternType = ARRAY[1..8] OF Byte {Muster benutzerdefiniert}

PointType = RECORD
              X,Y: Word;
            END;

ViewPortType = RECORD
                 x1,y1,x2,y2: Word;
                 Clip: Boolean;
               END;

ArcCoordsType = RECORD
                  X,Y, Xs,Ys, Xend,Yend: Word;
                END;
```

Zeigervariablen:

```
GraphGetMemPtr: Pointer;    {zeigt auf GraphGetMem}
GraphFreeMemPtr: Pointer;   {zeigt auf GraphFreeMem}
```

Grafik-Funktionen ab Turbo Pascal 4.0:
GetBkColor, GetColor, GetGraphMode, GetMaxX, GetMaxY, GetPixel, GetX, GetY, GraphErrorMsg, GraphResult, ImageSize, TextHeight, TextWidth.

Grafik-Prozeduren ab Turbo Pascal 4.0:
Arc, Bar, Bar3D, Circle, ClearDevice, ClearViewPort, CloseGraph, DetectGraph, DrawPoly, Ellipse, FillPoly, FloodFill, GetArcCoords, GetAspectRatio, GetFillSettings, GetImage, GetLineSettings, GetPalette, GetTextSettings, GetViewSettings, GraphGetMem, GraphFreeMem, InitGraph, Line, LineRel, LineTo, MoveRel, MoveTo, OutText, OutTextXY, PieSlice, PutImage, PutPixel, RegisterBGIDriver, RegisterBGIFont, Rectangle, RestoreCrt, RestoreCrtMode, SetActivePage, SetAll-

Palette, SetBkColor, SetColor, SetFillPattern, SetFillStyle, SetGraphMode, SetLineStyle, SetPalette, SetTextJustify, SetTextStyle, SetViewPort, SetVisualPage.

Grafik-Funktionen, zusätzlich ab 5.0:
GetDriverName, GetMaxMode, GetModeName, GetPaletteSize, InstallUserDriver, InstallUserFont.

Grafik-Prozeduren, zusätzlich ab 5.0:
FillEllipse, GetDefaultPalette, GraphDefaults, Sector, SetAspectRatio, SetRGBPalette, SetUserCharSize, SetWriteMode.

Graph3

Standard-Unit

Die Unit Graph3 umfaßt die Prozeduren und Funktionen der Normal- und Turtle-Grafik von Turbo Pascal 3.0. Aktivierung in Pascal 3.0: {$I GRAPH.P} . Aktivierung ab Pascal 4.0: USES Crt, Graph3.

GraphBackground

Grafik-Prozedur, Graph3

GraphBackground(Farbe);
Die Hintergrundfarbe für die 320*200-Pixel-Grafik, die zuvor mittels GraphColorMode eingestellt wurde, wählen.

PROCEDURE GraphBackground(Farbe: Integer);

GraphColorMode

Grafik-Prozedur, Graph3

GraphColorMode;
Farbgrafikmodus mit mittlerer Auflösung (x = 640 Spalten und y = 200 Zeilen) einstellen. Numerierung der Koordinaten 0-319 (x-Achse) und 0-199 (y-Achse).

PROCEDURE GraphcolorMode;

GraphDefaults

Grafik-Prozedur, Crt

GraphDefaults;
Alle Parameter der Turbo-Grafik auf die Standardwerte gemäß InitGraph zurücksetzen: Grafikcursor (0,0), Fenster Gesamtbildschirm, Farbe (Hintergrund schwarz, Zeichen gemäß MaxColor und Palette DefaultPalette, Flächenfüllungen gemäß SolidFill und MaxColor sowie Text gemäß (DefaultFont,HorizDir,1).

PROCEDURE GraphDefaults;

GraphErrorMsg

Grafik-Funktion, Graph, 4

GraphErrorMsg(FehlercodeNummer);
Den Text einer bestimmten Fehlermeldung angeben.

```
Fehler := GraphResult;
IF Fehler <> 0 THEN WriteLn GraphErrorMsg(Fehler);
```

FUNCTION GraphErrorMsg(FehlcodeNr:Integer): String;

GraphFreeMem

Grafik-Prozedur, Graph, 4

GraphFreeMem(Zeiger,Bereich);
Platz für Grafik-Treiberprogramme und Zeichensätze auf dem Heap freigeben. Prozeduraufruf über die globale Zeigervariable GraphFreeMemPtr (siehe Unit Graph).

PROCEDURE GraphFreeMem(VAR p:Pointer; B:Word);

GraphGetMem

Grafik-Prozedur, Graph, 4

GraphGetMem(Zeiger,Bereich);
Speicherplatz belegen. Aufruf über GraphGetMemPtr.

PROCEDURE GraphGetMem(VAR p:Pointer; B:Word);

GraphMode

Grafik-Prozedur, Graph3

GraphMode;
Den 320*200 Punkte-Mono-Grafikbildschirm aktivieren.

PROCEDURE GraphMode;

GraphResult

Grafik-Funktion, Graph, 4

i := GraphResult;
Den Fehlerstatus der letzten Grafik-Operation liefern (Konstanten von 0 bis -14 siehe Unit Graph; Beispiel siehe GraphErrorMsg).

FUNCTION GraphResult: Integer;

GraphWindow

Grafik-Prozedur, Graph3

GraphWindow(x1,y1,x2,y2);
Ein Fenster zur Ausgabe von Grafiken einrichten. Werte der x-Koordinaten im Bereich 0-319 bzw. 0-639 und der y-Koordinaten im Bereich von 0-199.

PROCEDURE GraphWindow(x1,y1,x2,y2: Integer);

Halt

"Anweisung"

Halt [(Fehlercode)];
Die Programmausführung beenden und zur MS-DOS-Ebene zurückkehren. Wahlweise wird ein Fehlercode übergeben, der mit DosExitCode im rufenden Programm bzw. mit ErrorLevel in der Batch-Datei ermittelt werden kann. Halt entspricht Halt(0).

PROCEDURE Halt[(Fehl: Word)];

Heading

Turtle-Funktion, Graph3

i := Heading;
Den für die Bewegung der Turtle gerade eingestellten Winkel (in Grad zwischen 0 und 359) zurückgeben.

FUNCTION Heading: Integer;

HeapError

Standard-Variable, 4

Die Variable zeigt auf die Standard-Fehlerbehandlung, oder sie führt einen Aufruf über HeapError aus.

HeapOrg

Standard-Variable, 4

Die Startadresse des Heaps, der in Richtung aufsteigender Speicheradressen wächst, liefern (Heap Origin). Heap-Organisationsmodell:

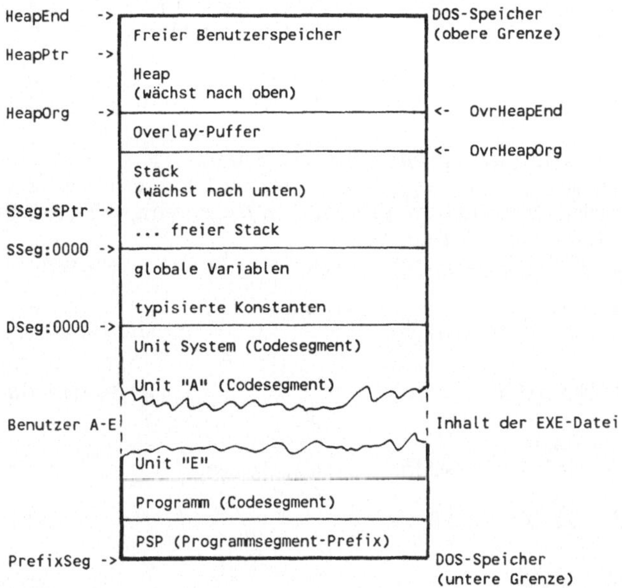

Der Heap-Manager ist bei Turbo Pascal 6.0 anders organisiert als bei den Versionen 5.x: gleich große 8-Byte-Blöcke anstelle der Fragmentliste (siehe FreeList).

HeapPtr

Standard-Variable, 4

Die Position des Heapzeigers bereitstellen. HeapPtr als ein typloser und zu allen Zeigertypen kompatibler Zeiger. HeapPtr wird nach jeder Änderung automatisch so normalsiert, daß sein Offset zwischen $0000 und $000F liegt. Die Maximalgröße beträgt 65521 bzw. ($10000 minus $000F). Beispiel: Bei Programmstart wird HeapPtr auf HeapOrg als unterste Heap-Adresse gesetzt. Durch New(p3) erhält p3 den Wert von HeapPtr. Nun wird HeapPtr um die Größe des Datentyps, auf den p3 zeigt, erhöht. Heap-Manager siehe FreeList.

Help

Menü-Befehl, 6

Das Hilfe-System über fünf Unterbefehle aktivieren:

Befehl	Taste	Beschreibung
Contents		Inhaltsverzeichnis mit den Hilfen zeigen
Index	Shift-F1	Hilfe-Stichwortverzeichnis anzeigen
Topic search	Ctrl-F1	Hilfe zum Wort an Cursorposition geben
Previous topic	Alt-F1	Zum letzten Hilfe-Bildschirm zurückgehen
Help on help		Das Hilfe-System erklären

Beispielprogramm zu Standard-Prozedur/Funktion anfordern:

1. Help/Topic search, Strg/F1 bzw. Alt/H/T eingeben bzw. wählen.
2. Prozedurname (z.B. RESET) eintippen: Nach jedem, einzeln getippten Buchstaben R-E-S-E-T wird auf den entspr. Begriff verzweigt.
3. RESET mit der Return-Taste auswählen.
4. Mit F10/Edit/Copy example bzw. Alt/E/E das Beispielprogramm zu RESET ins Clipboard als Zwischenablage kopieren.
5. Mit F10/Edit/Show clipboard bzw. Alt/E/S das Beispielprogramm im Clipboard-Fenster anzeigen und mit F10/Run/Run bzw. Alt/R/R ausführen lassen.

Hilfen in Kommandozeilen-Version von Turbo Pascal anfordern:
Im Verzeichnis TP\UTILS legt Turbo Pascal THELP.COM als speicherresidentes Hilfe-Programm ab: THELP eintippen.

Hi

Speicher-Funktion

i := Hi(IntegerAusdruck / WordAusdruck);
Das höherwertige Byte (Highbyte) des Ausdrucks als niederwertiges Ergebnis-Byte (Lowbyte) bereitstellen (höherwertiges Ergebnisbyte ist Null). Siehe Funktion Lo.

```
WriteLn('$12 und dasselbe nochmals mit ',Hi($1234),' ausgeben.');
```

FUNCTION Hi(i: Integer/Word): Byte;

HideTurtle

Turtle-Prozedur, Graph3

HideTurtle;
Die Turtle am Bildschirm unsichtbar machen.

PROCEDURE HideTurtle;

HighVideo

E/A-Prozedur, Crt, Turbo3

HighVideo;
Eine hohe Intensität zur Ausgabe von Zeichen einstellen.

PROCEDURE HighVideo;

HiRes

Grafik-Prozedur, Graph3

HiRes;
Hochauflösende 640*200-Pixel-Grafik (High Resolution) einstellen. Koordinaten x=0-639 (640 Spalten) und y=0-199 (200 Zeilen).

PROCEDURE HiRes;

HiResColor

Grafik-Prozedur, Graph3

HiResColor(Farbnummer);
Zeichenfarbe für die 640*200-Pixel-Grafik bei schwarzem Hintergrund festlegen. Farbnummern 0-15.

PROCEDURE HiResColor(Farbe: Integer);

Home

Turtle-Prozedur, Graph3

Home;
Die Turtle zum Mittelpunkt des Fensters bzw. Bildschirms und Heading auf 0 Grad setzen.

PROCEDURE Home;

Hot Keys

Tastenkürzel, 6

Hot Keys für die Menüzeile bzw. Menüleiste

Alt-Space	≡ (System)	Alt-O	Options
Alt-C	Compile	Alt-R	Run
Alt-D	Debug	Alt-S	Search
Alt-E	Edit	Alt-W	Window
Alt-F	File	Alt-X	Zu DOS
Alt-H	Help	F10	Menü

Hot Keys für den Editor

Strg/Entf	Text löschen	Edit/Clear
Strg/L	Letzte Suche wiederholen	Search/Search Again
Alt/S R	Suche/Ersetze-Dialog öffnen	Search/Replace
Alt/S F	Suche-Dialog öffnen	Search/Find
F2	Datei sichern	File/Save
F3	Datei in Fenster laden	File/Open
Shift/Entf	Text ins Clipboard kopieren	Edit/Cut
Shift/Einfg	Text aus Clipboard kopieren	Edit/Paste

Hot Keys für den Debugger

F1	Hilfe, die sich auf Cursorposition bezieht, aufrufen
F4	Das Programm ausführen und an Cursorzeile anhalten
F5	Das aktives Fenster zoomen bzw. "unzoomen"
F6	Das aktives Fenster wechseln
F7	Trace-Lauf durch Funktionen oder Prozeduren
F8	Den Funktions- oder Prozeduraufruf nicht verfolgen
F10	Die Menüzeile am oberen Bildschirmrand aktivieren
Strg/F2	Das Programm zurücksetzen
Strg/F3	Die Aufruf-Reihenfolge anzeigen
Strg/F4	Den Ausdruck berechnen und evtl. ändern
Strg/F7	Den Ausdruck ins Watch-Fenster zusätzlich aufnehmen
Strg/F8	Breakpoints löschen bzw. setzen
Strg/F9	Das Programm bis zum Breakpoint ausführen
Alt/F5	Zum Ausgabebildschirm umschalten
Alt/F6	Zwischen den offenen Fenstern umschalten
Alt/C	Das Compile-Menü aktivieren
Alt/D	Das Debug-Menü aktivieren
Alt/R	Das Run-Menü aktivieren

Hot Keys für das Fenster-Management

Alt/O	Liste mit offenen Fenstern zeigen	Window/List
Alt/F3	Das aktive Fenster schließen	Window/Close
Alt/F5	Bildschirm und Editor wechseln	Window/User Screen
F5	Aktives Fenster zoomen	Window/Zoom
F6	Zum nächsten Fenster umschalten	Window/Next
Alt/F6	Zum vorher aktiven Fenster	Window/Previous
Strg/F5	Größe oder Pos. des Fensters	Window/Size Move

Hot Keys für Hilfen

F1	Hilfe zum aktiven Fenster	
Shift/F1	Hilfeindex anfordern	Help/Index
Strg/F1	Im Editor Hilfe anzeigen	Help/Topic Search
Alt/F1	Letzter Hilfebildschirm	Help/Previous Topic

Hot Keys für das Programm-Management

Strg/F2	Laufende Programm zurück	Run/Program Reset
Strg/F3	Reihenfolge der Aufrufe	Window/Call Stack
Strg/F4	Ausdruck berechnen/ ändern	Debug/Evaluate Modify
Strg/F7	Ausdruck ins Watch-Fenster	Debug/Add Watch
Strg/F8	Breakpoint setzen/löschen	Debug/Toggle Breakpoint
Strg/F9	Aktives Programm ausführen	Run/Run
Alt/F9	Aktives Programm übersetzen	Compile/Compile
F4	Programm bis Cursorposition	Run/Go To Cursor
F7	Trace-Lauf durch Routinen	Run/Trace Into
F8	Aufrufe von Routinen überg.	Run/Step Over
F9	Ein Make durchführen	Compile/Make

IF-THEN-ELSE

Anweisung

IF BooleanAusdruck
THEN Anweisung
[ELSE Anweisung];
Eine einseitige Auswahlstruktur (ohne ELSE-Teil) bzw. eine zweiseitige Auswahlstruktur (mit ELSE-Teil) kontrollieren: Ergibt der Boolesche Ausdruck den Wert True, wird der Anweisungsblock hinter THEN ausgeführt. Einseitige Auswahl in Abhängigkeit der Boolean-Variablen Gefunden:

```
IF Gefunden THEN WriteLn('Satz gefunden.');
```

Einseitige Auswahl mit Blockanweisung BEGIN-END:

```
IF Antwort = 'j' THEN
  BEGIN
    WerteEingeben;
    UmsatzAnalysieren;
  END;  {von THEN}
```

Zweiseitige Auswahl mit BEGIN-END-Block im THEN-Teil:

```
IF IOResult<>0
  THEN BEGIN
         Fehlerroutine; Fortsetzung; ...;
       END
  ELSE WriteLn('... Eingabe ok.');
```

ImageSize

Grafik-Funktion, Graph, 4

ImageSize(Xlinks,Ylinks,Xrechts,Yrechts);
Anzahl von Bytes berechnen, die zur Speicherung eines Bildausschnitts mit GetImage benötigt werden.

ImageSize(x1,y2,x2,y2: Word): Word;

IMPLEMENTATION

Reserviertes Wort, 4

Zwischen INTERFACE (Schnittstelle) und INITIALISIERUNG (Hauptprogramm) stehender dritter Bestandteil einer Unit. Die IMPLEMENTATION umfaßt den Programmcode (siehe Unit).

IN

Arithmetischer Operator

b := Ausdruck IN Menge;
Prüfen, ob der im Ausdruck angegebene Wert (einfacher Datentyp) als Element in der Menge enthalten ist. Enthalten wird True, da 2 Element der Menge ist:

```
Enthalten := 2 IN [0..50];
```

Eingabeschleife ohne Echo ausführen:

```
REPEAT
  Write('Antwort? '); Antwort := ReadKey
UNTIL UpCase(Antwort) IN ['R','S','T','U'];
```

Prüfen, ob die Tastatureingabe Element in einer durch SET definierten Menge von vier Zeichen ist:

```
CONST
  GuteEingabe: SET OF Char=['j','J','n','N'];
VAR
  Taste: Char;
BEGIN
  ...; IF Taste IN GuteEingabe THEN ...
```

Inc

Ordinale Prozedur, 4

Inc(x [,IntegerAusdruck]);
Den Wert der Variablen x um den angegebenen Wert erhöhen. Die beiden folgenden Zuweisungen sind identisch:

```
Inc(z,4);                    z := z + 4;
```

PROCEDURE Inc(VAR x:Ordinaltyp [; i:LongInt]);

InitGraph

Grafik-Prozedur, Graph, 4

InitGraph(GrafikTreiber,GrafikModus,Suchweg/'');
Ein Grafikpaket initialisieren: InitGraph ruft die Prozedur DetectGraph auf, die dann den GrafikTreiber auswählt und den passenden GrafikModus einstellt.
Ein Dreieck zeichnen und grün füllen (der Leerstring '' läßt den Treiber im Standard-Directory suchen; bei Treiber=0 (bzw. Detect) muß Modus nicht initialisiert sein):

```
Treiber := Detect;
InitGraph(Treiber,Modus,'');
SetColor(Green);
MoveTo(20,20); LineTo(100,20); LineTo(60,100);
LineTo(20,20);
ReadLn; FloodFill(25,25,Green);
ReadLn; CloseGraph
```

PROCEDURE InitGraph(VAR Treiber,Mode:Integer; Pfad:String);

INLINE

Anweisung

INLINE(Maschinencode);
Kurze Befehlsfolgen in Maschinencode direkt in der Pascal-Quelltext einfügen. Siehe ASM. Alle Register außer BP, SP, SS und DS sind durch INLINE änderbar. Einzelne Befehlsbytes durch "/" trennen):

```
INLINE($28/$2A);            {2 Bytes $28 und $2A in den Code einfügen}
```

Für Variablen eine 16-Bit-Adresse erzeugen (z ab $6520 abgelegt):

```
INLINE(z);                  {Wert 6520 erzeugen: Bytes $20 und $65}
```

Operator < speichert nur den niedrigwertigen Teil als Byte:

```
INLINE(<$1234);             {$34 erzeugen, also nur ein Byte Code}
```

Operator > speichert stets in Wortlänge bzw. zwei Byte:

```
INLINE(>$2A);               {$2A und $00 (höherwertiger Teil Wert 0}
```

Input

Standard-Variable

Primäre Eingabedatei, die als vordefinierte Textdatei-Variable bei Read bzw. ReadLn stets standardmäßig angenommen wird. Input liest nur Eingaben von der Tastatur. Zwei identische Anweisungen:

```
ReadLn(Zeichen);            ReadLn(Input,Zeichen);
```

Insert

String Prozedur

Insert(s0,s1,p);
String s0 in den String s1 ab der Position p einfügen. s0 als beliebiger String-Ausdruck, s1 als Stringvariable und p als Anfangsposition in s1 (Konstante/Variable vom Typ Integer bzw. Byte zwischen 1 und 255). Ist p größer als die Länge von s1, wird nichts eingefügt. Wort:='griffreit' durch 'be' zu 'griffbereit' ergänzen:

```
Insert('be',Wort,6);
```

PROCEDURE Insert(s0:String; VAR s1:String; p:Integer);

InsLine

E/A-Prozedur, Crt

InsLine;
Leerzeile vor der aktuellen Cursorposition einfügen, d.h. die Folgezeilen um eine Zeile nach unten verschieben.
Eine 40 Zeichen breite Zeile in der Zeile 10 einfügen:

```
Window(30,10,70,30); InsLine;
```

PROCEDURE InsLine;

INSTALL

Installationsprogramm

Installation von Turbo Pascal auf Diskette oder Festplatte. Ab Versionen 5.x werden in C:\TP\ folgende Verzeichnisse angelegt:

```
C:\TP          Compiler, Zusatzprogramme, Laufzeitbibliothek
C:\TP\BGI      Grafiktreiber (wie EGAVGA.BGI) und GRAPH.TPU
C:\TP\DOC      Dokumentation der Units
C:\TP\DEMOS    Demonstrationen als Quelltext; z.B. HELPME!.DOC und
               TEMC.DOC (Referenz "Turbo Editor Macro Compiler")
C:\TP\TURBO3   Units zur Abwärtskompatibilität zu Pascal 3.0
```

In Version 6.0 legt INSTALL zusätzlich folgende Verzeichnisse an:

```
C:\TP\TVISION    Routinen von Turbo Vision (objektorientierte Biblio-
                 thek zur Erstellung eigener Benutzeroberflächen)
C:\TP\TVDEMOS    Demoprogramme mit Maussteuerung, Menüs, Fenstern
C:\TP\DOCDEMOS   Alle Programmbeispiele des Turbo Vision Handbuchs
C:\TP\UTILS      Utilities (wie EMSTEST.COM zum Expanded Memory)
```

Auspacken: Programm UNZIP.EXE packt Archiv-Dateien manuell aus. Beispiel zum Auspacken von TURBO.TPL und TPC.EXE:

```
unzip a:turbo turbo.tpl tpc.exe
```

InstallUserDriver

Grafik-Funktion, Graph, 5

Einen Nicht-Borland-Grafiktreiber installieren.

FUNCTION InstallUserDriver(Nam:String;
AutoDetectPtr:Pointer):Integer;

InstallUserFont

Grafik-Funktion, Graph, 5

Einen Nicht-Borland-Vektorzeichensatz installieren.

FUNCTION InstallUserFont(FontDatei: String): Integer;

Int

Arithmetische Funktion

r := Int(IntegerAusdruck oder RealAusdruck);
Den ganzzahligen Teil eines Ausdrucks als Real-Zahl angeben. Siehe Frac.
Real-Zahl 2.000 als ganzzahliger Teil von 2.778:

```
WriteLn(Int(2.778));
```

FUNCTION Int(i:Integer):Real oder Int(r:Real):Real;

Integer

Standard-Datentyp

VAR Variablenname: Integer;
Vordefinierter Datentyp für die ganzen Zahlen zwischen -32768 und 32767. In der Standard-Variablen MaxInt wird 32767 als größte Integer-Zahl bereitgestellt.

```
VAR KundenNr: Integer;            {KundenNr belegt 2 Bytes RAM}
```

Ab Version 4.0 sind neben Integer die Typen Byte, Word, ShortInt und LongInt zur Speicherung von ganzen Zahlen vordefiniert.

```
Integer-Datentyp:   Wertebereich:               Speicherplatz:
 Byte               0 bis 255                    1 Byte
 Word               0 bis 65535                  2 Bytes bzw.1 Wort
 ShortInt           -128 bis 127                 1 Byte
 Integer            -32768 bis 32767             2 Bytes bzw. 1 Wort
 LongInt            -2147483648 - 2147483647     4 Bytes bzw.
                                                 1 Doppelwort
```

TYPE Integer = -32768..32767;

INTERFACE

Reserviertes Wort, 4

Bestandteil von Units zur Definition der Schnittstelle. Siehe UNIT.

INTERRUPT

Direktive, 4

PROCEDURE Name(Parameterliste); INTERRUPT;
INTERRUPT-Prozeduren ruft man über Interrupt-Vektoren auf, und nicht über Prozedurnamen. Nur vier Standard-Formate der Parameterliste sind zulässig (Achtung: "Register-Lücken" nicht erlaubt):

```
(Flags,CS,IP,AX,BX,CX,DX,SI,DI,DS,ES,BP: Word)
      (CS,IP,AX,BX,CX,DX,SI,DI,DS,ES,BP: Word)
                                 (ES,BP: Word)
                                    (BP: Word)
```

Die Register werden wie VAR-Parameter übergeben und lassen sich in der INTERRUPT-Prozedur verändern.

Intr

Interrupt-Prozedur, Dos, 4

Intr(InterruptNummer,Reg);
Einen Software-Interrupt über die angegebene Interruptnummer (0-255) ausführen, wobei über die Variable Regs die Register des Prozessors gesetzt werden. Abschließend speichert Intr die CPU-Register wieder in Regs zurück. Regs ist in Unit Dos vordefiniert:

```
TYPE Registers = RECORD
  CASE Integer OF
    0: (AX,BX,CX,DX,BP,SI,DS,ES,Flags: Word);
    1: (AL,AH,BL,BH,CL,CH,DL,DH: Byte);
  END;
```

PROCEDURE Intr(IntNr:Byte; VAR Register: Registers);

IOResult

Datei-Funktion, Turbo3

i := IOResult;
Fehlernummer (0 für fehlerfrei) angeben, wenn zuvor die I/O-Fehlerkontrolle ausgeschachtelt worden ist. Fehlernummern siehe E/A-Variable DosError. Das Funktionsergebnis vom Word-Typ wird nach jedem Aufruf sofort auf 0 gesetzt (deshalb: Hilfsvariablen verwenden). I/O-Fehlernummer zuweisen und abfragen:

```
Fehler := IOResult;
```

```
CASE Fehler OF
  1: WriteLn('Datei nicht gefunden.');
  2: ...;
  ELSE ...;
END; {von CASE}
```

I/O-Fehler bei Assign und bei Reset in Schleifen abfangen:

```
{$I-}
REPEAT
  REPEAT
    Write('Dateiname? '); ReadLn(Dateiname);
    Assign(TelFil,Dateiname);
  UNTIL IOResult = 0;
  Reset(TelFil);
UNTIL IOResult = 0;
{$I+}
```

FUNCTION IOResult: Word;

Kbd

Geräte-Datei, Turbo3

Kbd für Eingabetastatur (Keyboard), um einzeine Zeichen ohne Echo von der Tastatur einzulesen. Ab Pascal 4.0 vereinfacht die ReadKey-Funktion die Zeichenabfrage:

```
Read(Kbd,Zeichen)     bzw.     Zeichen := ReadKey;
```

Keep

Prozeß-Prozedur, 4

Die Ausführung beenden, das Programm speicherresident machen (einschließlich Stack, Heap und Daten-Segment) und den Ausgangs-Code an die MS-DOS-Ebene übergeben.

PROCEDURE Keep(AusgangsCode: Word);

KeyPressed

E/A-Funktion, Crt

b := KeyPressed;
Den Wert True liefern, wenn ein Zeichen im Tastaturpuffer darauf wartet, gelesen zu werden. KeyPressed liefert nur für "lesbare" Zeichen True (also nicht bereits für Strg, Shift oder NumLock).

```
IF KeyPressed THEN Taste := ReadKey;
```

FUNCTION KeyPressed: Boolean;

LABEL

Reserviertes Wort

LABEL Sprungmarke [,Sprungmarke];
In der LABEL-Vereinbarung werden hinter LABEL die verwendeten Markennamen angegeben, zu denen mit der GOTO-Anweisung verzweigt wird. GOTO und Markenname müssen im gleichen Block liegen. Drei Marken vereinbart (GOTO Fehler verzweigt):

```
LABEL Fehler, 7777, Ende;
```

Im Anweisungsteil Marke und Anweisung durch ":" trennen:

```
Fehler: WriteLn('Beginn Fehlerbehandlung:'); ...
```

Length

String-Funktion

i := Length(s);
Die aktuelle Länge der Stringvariablen s angeben. Beispiel:

```
IF Length(Ein) = 8 THEN WriteLn('8 Zeichen lang.');
```

FUNCTION Length(s: String): Integer;

Line

Grafik-Prozedur, Graph, 4

Line(x1,y1,x2,y2);
Eine Linie zwischen zwei Punkten zeichnen.

PROCEDURE Line(x1,y1,x2,y2: Integer);

LineRel

Grafik-Prozedur, Graph, 4

LineRel(x,y);
Eine Linie relativ zur aktiven Cursorposition zeichnen, zum Beispiel von Punkt (14,16) zu Punkt (34,36).

```
MoveTo(14,16); LineRel(20,20);
```

PROCEDURE LineRel(RelativX,RelativY: Integer);

LineTo

Grafik-Prozedur, Graph, 4

LineTo(x,y);
Eine Linie von der aktiven Cursorposition zum angegebenen Punkt zeichnen. Beispiel siehe FloodFill.

PROCEDURE LineTo(Zielx,Ziely: Integer);

Ln

Arithmetische Funktion

r := Ln(RealAusdruck);
Den natürlichen Logarithmus zum Ausdruck angeben. Laufzeitfehler für r< =0. Zuerst 1 und dann 2.30256 ausgeben:

```
Write(Ln(2.7182818285),' ',Ln(10));
```

FUNCTION Ln(r: Real): Real;

Lo

Speicher-Funktion

i := Lo(IntegerAusdruck);
Das niederwertige Byte (Lowbyte) des Ausdrucks bereitstellen. Siehe auch Funktion Hi:

```
WriteLn('$34 und nochmals ',Lo($1234,);
```

FUNCTION Lo(i:Integer/Word): Byte;

LongFilePos

Datei-Funktion, Turbo3

r := LongFilePos(Dateivariable);
Die Nummer des Datensatzes anzeigen, auf den der Dateizeiger gerade zeigt. Im Gegensatz zu FilePos kann die Datei über 32767 Einträge (Datensatznummern) haben.

FUNCTION LongFilePos(VAR f): Real;

LongFileSize

Datei-Funktion, Turbo3

r := LongFileSize(Dateivariable);
Anzahl der Datensätze der geöffneten Direktzugriffdatei anzeigen. Anzahl vom Real-Typ (also auch über 32767).

FUNCTION LongFileSize(VAR f): Real;

LongInt

Standard-Datentyp, 4

VAR Variablenname: LongInt;
LongInt umfaßt einen Wertebereich von -2147483648 bis 2147483647 und belegt 32 Bit bzw. 4 Bytes. Arithmetische Operationen mit Variablen vom LongInt-Typ erzeugen demnach Ergebnisse, die 32 Bit belegen. Bei der Verknüpfung zweier unterschiedlicher Datentypen gilt stets das "größere" Format: das gemeinsame Ergebnisformat von Byte und LongInt ist somit LongInt.

LongSeek

Datei-Prozedur, Graph3

LongSeek(Dateivariable,Datensatznummer);
Dateizeiger auf die angegebene Datensatznummer positionieren.

PROCEDURE LongSeek(VAR f; Nr: Real);

LowVideo

E/A-Prozedur, Crt, Turbo3

LowVideo;
Den Bildschirm auf niedrige Helligkeit für Zeichen einstellen.

```
TextAttr := White; WriteLn('weiß, Farbe 15');
LowVideo; WriteLn('grau, Farbe 7');
```

PROCEDURE LowVideo;

Lst

Geräte-Datei, Printer

Drucker (Lister) als Ausgabeeinheit. In der Unit Printer wird Lst als Text-Dateivariable vereinbart und der Geräteeinheit Lpt1 zugeordnet. Zum Beispiel 'Turbo Pascal' drucken:

```
WriteLn(Lst,'Turbo Pascal');
```

Mark

Heap-Prozedur

Mark(Zeigervariable);
Den Wert des Heapzeigers in eine Zeigervariablen zuweisen, um später z. B. über Release alle dynamischen Variablen, die nach dem Aufruf von Mark erzeugt worden sind und deshalb oberhalb dieser Adresse abgelegt wurden, vom Heap zu entfernen. Siehe Release (oberhalb löschen) und Dispose (gezielt einzeln löschen).
Alle über p4 liegenden Variablen vom Heap entfernen:

```
Mark(p4); Release(p4);
```

PROCEDURE Mark(VAR p: Pointer);

MaxAvail

Heap-Funktion, 4

i := MaxAvail;
Den Umfang des größten zusammenhängenden freien Speicherplatzes auf dem Heap in Bytes angeben. Siehe MemAvail.

```
TYPE NamenTyp = STRING[200];
BEGIN
  IF SizeOf(NamenTyp) > MaxAvail
    THEN WriteLn('... zu wenig Platz auf dem Heap.')
    ELSE GetMem(Zeig,SizeOf(NamenTyp);
```

FUNCTION MaxAvail: LongInt;

MaxInt

Standard-Variable

Den größten Integer-Wert 32767 bereitstellen.

CONST MaxInt: Integer = 32767;

MaxLongInt

Standard-Variable, 4

Den größten LongInt-Wert 2147483647 bereitstellen.

CONST MaxLongInt: LongInt = 2147483647;

Mem

Standard-Variable

Mem[Segmentadresse:Offsetadresse];
Über den vordefinierten Speicher-Array Mem, dessen Indizes Adressen sind, läßt sich jede Speicherstelle erreichen. Die Indizes sind Ausdrücke vom Word-Typ, wobei Segment und Offset durch ":" getrennt werden. Die Adreßangabe kann dezimal (-32768 - 32767) oder hexadezimal ($0000 - $FFFF) erfolgen.
Inhalt des Bytes in Segment $0000 und Offset $0080 in die Integer-Variable Wert einlesen:

```
Wert := Mem[$0000:$0080];
```

Der Speicheradresse $0070:$0077 den Wert 9 zuweisen:

```
Mem[$0070:$0077] := 9;
```

VAR Mem: ARRAY OF Byte;

MemAvail

Heap-Funktion, 4

i := MemAvail;
Die Anzahl der freien Bytes auf dem Heap angeben; diese setzt sich aus dem freien Platz über der Spitze des Heaps und den "Lücken im Heap" zusammen. Siehe MaxAvail, HeapOrg.

```
Write('Frei:',MemAvail,'und größter Block:',MaxAvail);
```

FUNCTION MemAvail: LongInt;

MemL

Standard-Variable, 4

Wie Array MemW, aber LongInt als Komponententyp. Den Speicherbereich von $0030:$000A bis $0030:$000D lesen:

```
s := MemL[48;2*5];          {LongInt-Variable s erhält gelesenen Wert}
```

VAR MemL: ARRAY OF LongInt;

MemW

Standard-Variable

MemW[Segmentadresse:Offsetadresse];
Vordefinierter Speicher-Array zum direkten Speichern. Jede Komponente des MemW-Arrays belegt ein Wort (2 Bytes). Den Integer-Wert von WertNeu an die Adresse abspeichern, an der die ersten 2 Bytes von WertAlt abgelegt sind:

```
MemW[Seg(WertAlt):Ofs(WertAlt)] := WertNeu;
```

Den Inhalt von Wert7 an der Adresse 65500 (Offset) in Segment 02509 speichern:

```
MemW[02509:65500] := Wert7;
```

VAR MemW: ARRAY OF Word;

MkDir

Datei-Prozedur

MkDir(Pfadname);
Ein neues Unterverzeichnis mit dem angegebenen Namen anlegen. Identisch zum DOS-Befehl MD (siehe auch ChDir, GetDir und RmDir). Ein Unterverzeichnis \Anwend1 in Laufwerk B: anlegen.

```
MkDir('b:\Anwend1');
```

PROCEDURE MkDir(VAR Pfadname: String);

MOD

Arithmetischer Operator

IntegerAusdruck MOD IntegerAusdruck;

Den Rest bei ganzzahliger Division (Modulus) angeben (siehe DIV-Operator). Den Restwert 6 anzeigen:

```
WriteLn(20 MOD 7);
```

Move

Speicher-Prozedur

Move(QuellVariablenname, ZielVariablenname, Bytes);
Eine bestimmte Anzahl von Bytes von einer Variablen in eine andere Zielvariable übertragen. Achtung: Ist WortZ kürzer als 10 Bytes, so wird der hinter WortZ befindliche Datenbereich überschrieben:

```
Move(WortQ,WortZ,10);
```

Zur Sicherheit mit SizeOf die Zahl der zu kopierenden Bytes prüfen:

```
VAR
  Q: LongInt; Z:ARRAY[1..3] OF Byte;
BEGIN
  Q := $456789;
  Move(Q, Z, SizeOf(Q));
```

PROCEDURE Move(VAR Quelle,Ziel; Bytes:Word);

MoveRel

Grafik-Prozedur, Graph, 4

MoveRel(UmX,UmY);
Den Grafik-Cursor relativ zur aktiven Position bewegen. Der Cursor steht nun in Position (107,54):

```
MoveTo(100,50); MoveRel(7,4);
```

PROCEDURE MoveRel(RelativX,RelativY: Integer);

MoveTo

Grafik-Prozedur, Graph, 4

MoveTo(NachX,NachY);
Den Grafik-Cursor absolut auf einen Punkt setzen. Auch MoveTo arbeitet relativ zum aktiven Fenster. Cursor nach (170,40) setzen:

```
SetViewPort(150,20,300,120); MoveTo(20,20);
```

PROCEDURE MoveTo(x,y: Integer)

MsDos

Interrupt-Prozedur, Dos

MsDos(Regs);
Einen Funktionscall in MS-DOS über den Interrupt 21h vornehmen, also identisch mit ein Aufruf über Intr mit der Interruptnummmer 21h bzw. 33dez. Der Registers-Typ ist in der Unit Dos vordefiniert. Siehe Intr, Dos.

PROCEDURE MsDos(VAR Register: Registers);

NEAR

Direktive, 6

PROCEDURE Name(Parameterliste); NEAR;
Ist eine Routine (Prozedur, Funktion) im Hauptprogramm oder im Implementationsteil einer Unit vereinbart, wird sie automatisch als NEAR aufgerufen: die Routine kann nur in der Unit bwz. in dem Programm aufgerufen werden, in dem sie vereinbart worden ist. NEAR-Aufruf und NEAR-Rücksprung erstreckt sich auf *ein* Code-Segment (16-Bit-Rücksprungadresse auf dem Stack, CALL; Register CS), während beim FAR-Aufruf und FAR-Rücksprung unterschiedliche Segmente adressiert werden können (32-Bit-Rücksprungadresse; CALL FAR; Register CS:IP). Siehe FAR.

New

Heap-Prozedur

New(Zeigervariable);
Für eine neue Variable vom Zeigertyp auf dem Heap Speicherplatz reservieren (siehe Dispose als Gegenstück). Eine dynamische Variable ist namenlos und kann nur über einen Zeiger angesprochen werden, der auf die Adresse zeigt, ab der die Variable auf dem Heap abgelegt ist. Der Zeiger hat einen Namen (z.B. p7) und wird als Zeigervariable bezeichnet. Mit der folgenden Vereinbarung wird eine Zeigervariable p7 definiert, die auf Daten vom Integer-Typ zeigt:

```
VAR p7: ^Integer;
```

Nun können auf dem Heap genau zwei Byte für die Ablage einer Integer-Variablen reserviert werden:

```
New(p7);
```

HeapPtr wird um die Größe von p7 erhöht, d.h. um 2 Bytes. Dynamische Variablen lassen sich wie statische Variablen verwenden, wobei dem Zeigernamen ein "^" folgen muß:

```
p7^ := 5346; WriteLn(p7^);
```

Die dynamische Variable p7^ nennt man auch Bezugsvariable, da sie sich auf die Zeigervariable p7 bezieht.

PROCEDURE New(VAR p: Pointer);

New

Heap-Prozedur für OOP, 6

New(Zeigervariable, Konstrukt);
Für die OOP erweiterte Syntax von New, um beim Anlegen einer

dynamischen Objektvariablen den Aufruf eines Konstruktors angeben zu können. Die linksstehende Anweisungsfolge vereinfacht sich:

```
New(p);                              New(p, Konstrukt);
p^.Konstrukt;
```

PROCEDURE New(VAR p: PointerAufObjekttyp, Konstruct);

New

Heap-Funktion, 6

p := New(Zeigervariable [,Konstruct]);
Eine dynamische Variable beliebigen Typs (auch Objekttyp) anlegen und einen Zeiger auf diese Variable liefern. Konstruct als Aufruf eines Konstruktors vom zugehörigen Objekttyp.

```
VAR Feld1: pFeld; ...;
Feld1 := New(StrpFeld, Init(1,1,20,'Name'));
```

FUNCTION New(VAR p:Pointer [,Konstruct]): Pointer;

NIL

Standard-Konstante

Zeigervariable := NIL;
Einer Zeigervariable die vordefinierte Konstante NIL zuweisen. NIL bedeutet "auf nichts zeigen". NIL ist zu allen Datentypen von dynamischen Variablen kompatibel.
Die Zeigervariable p7 zeigt auf "keine dynamische Variable":

```
p7 := NIL;
```

NormVideo

E/A-Prozedur, Crt, Turbo3

Text- und Hintergrundfarbe auf die Standardwerte gemäß "Start of Normal Video" setzen. Siehe LowVideo, HighVideo, TextColor, TextBackground. Text erscheint dunkel, dann heller:

```
LowVideo; WriteLn('griffbereit'); NormVideo; WriteLn('griffbereit');
```

PROCEDURE NormVideo;

NoSound

E/A-Prozedur, Crt

NoSound;
Den Lautsprecher wieder abschalten (siehe Sound).

```
Sound(500); Delay(2000); NoSound;     {2 Sekunden 500-Hz-Ton}
```

PROCEDURE NoSound;

NOT

Arithmetischer Operator

i := NOT IntegerAusdruck;
Jedes im IntegerAusdruck gesetzte Bit löschen und jedes gelöschte Bit setzen (Bitbelegung umkehren, invertieren).
-10, $DCBA und 0 durch bitweise Verneinung ausgeben:

```
WriteLn((NOT 9), (NOT $2345), (NOT -1));
```

NOT

Logischer Operator

b := NOT BooleanAusdruck;
Den logischen Wert des genannten Ausdrucks negieren: NOT True ergibt False, NOT False ergibt True.

OBJECT

Datenstruktur, 5.5

OBJECT
Datenfeld1;
Datenfeld2; ...;
Methode1;
Methode2; ...;
END;

Abstrakter Datentyp OBJECT als Verbund von Daten und Methoden zu einem Objekttyp bzw. zu einer Klasse. Siehe OOP.

```
TYPE
  Klasse = OBJECT
             Daten1: Typ1; ...;               {1. Daten }
             DatenN: TypN;
             PROCEDURE Name1[(...]); ...;     {2. Methoden nur}
             FUNCTION Name1[[...]); ...;         {mit Köpfen}
           END;
```

Objekt als Datenstruktur, die (ähnlich einem Record) aus mehreren Komponenten besteht. Zwei Komponententypen: 1. Feld mit Daten eines bestimmten Typs. 2. Methode, die eine Operation mit dem Objekt durchführt.

OBJECT()

Datenstruktur, 5.5

OBJECT(Oberklasse) ... END;

Vererbungshierarchie über die Oberklasse: Die Unterklasse erbt die Daten und Methoden der Oberklasse. Siehe OOP.

```
TYPE
  Unterklasse = OBJECT(Oberklasse)
                  {Daten der Unterklasse vereinbaren};
                  {Methoden (nur Köpfe) der Unterklasse};
                END;
```

Odd

Ordinale Funktion

b := Odd(IntegerAusdruck);

True liefern, wenn Ausdruck eine ungerade Zahl ist. Der folgende ELSE-Teil wird niemals ausgeführt:

```
IF Odd(7) THEN Write('ungerade')
          ELSE Write('.');
```

FUNCTION Odd(i: LongInt): Boolean;

Ofs

Speicher-Funktion

i := Ofs(Ausdruck);

Den Offsetwert der Adresse einer Variablen, Prozedur oder Funktion als Word angeben. Bei 16-Bit-Rechnern setzt sich eine Adresse aus Segment- und Offsetadresse zusammen (siehe Seg, Mem).

```
Adr1a := Ofs(Betrag);
Write('Betrag ab Adresse ',Adr1a,' im Daten-Segment');
```

FUNCTION Ofs(Name): Word;

OOP

Grundbegriffe, 5.5

Neben der *strukturierten Programmierung* unterstützt Turbo Pascal 5.5 und 6.0 auch die *objektorientierte Programmierung (OOP).*

Kennzeichen dieses Paradigmas bzw. Denkmodells:
Daten (Was wird verarbeitet?) und Methoden (Wie ist zu verarbeiten?) werden zu einem Objekttyp (auch Klasse genannt) zusammenfaßt bzw. eingekapselt.

- OBJECT-END nimmt als RECORD-ähnliche Struktur den Objekttyp auf, wobei man für Daten die Typen und für Methoden nur die Prozedur- bzw. Funktionsköpfe angibt.
- Objekte sind Instanzen (Vorkommen) des Objekttyps und werden als Variablen vereinbart (Instantiierung). Erst durch diese VAR-Vereinbarung werden Objekte (Instanzvariablen genannt) erzeugt.
- Jedes Objekt hat gleiche Methoden, aber eigene Instanzvariablen.
- Aus einem Objekttyp (Klasse) kann man beliebig viele Objekte erzeugen (instantiieren).
- Vererbung: Daten und Methoden eines Objekttyps lassen sich an einen untergeordneten Objekttyp weitergeben (Klassenhierarchie).
- Über TYPE Unterklasse = OBJECT(Oberklasse) ... erbt Unterklasse alle Eigenschaften (Daten und Methoden) von Oberklasse.
- Klassen, die in einer Unit vereinbart sind, lassen sich vererben.
- Virtuelle Methoden werden mit VIRTUAL vereinbart, um anzuzeigen, daß deren Aufrufe dynamisch gebunden werden sollen.
- Dynamische Bindung: Der Prozeduraufruf wird dynamisch (erst zur Laufzeit) aufgelöst, nicht statisch (zur Compilierungszeit).
- Ein CONSTRUCTOR ist eine Prozedur, die Initialisierungen für virtuelle Methoden vornimmt.

OOP an einem Beispiel

Programm Oop1.PAS

Objekttyp Artikel mit je zwei Daten und Methoden als Eigenschaften. Blume, Strauch und. Baum als Objekte bzw. Instanzvariablen. Frisch als Unterklasse erbt von Artikel als Oberklasse, verfügt also über 4+1=5 Eigenschaften.

```
PROGRAM Oop1;                          {Daten und Methoden vererben}
TYPE
  Artikel = OBJECT                           {Objekttyp Artikel}
              Bezeichnung: STRING[35];  {2 Daten-Elemente}
              Lagerwert: Real;
              PROCEDURE Fortschreiben;  {2 Methoden-Elemente}
              PROCEDURE Anzeigen;
            END;
  Frisch =  OBJECT(Artikel)                  {Objekttyp Frisch }
              Verfalldatum: STRING[8];  {erbt von Artikel}
            END;

PROCEDURE Artikel.Fortschreiben;            {1. Methode vereinbaren}
VAR
  Aenderung: Real;
BEGIN
  Write('Änderung in DM? '); ReadLn(Aenderung);
  Lagerwert := Lagerwert + Aenderung;
END;

PROCEDURE Artikel.Anzeigen;                 {2. Methode vereinbaren}
BEGIN
  WriteLn(Bezeichnung,' mit Wert ',LagerWert:7:2);
END;

VAR
  Blume, Strauch, Baum: Artikel;            {3 Objekte erzeugen}
  Gemuese, Obst: Frisch;                    {2 Objekte zu Frisch}
```

```
BEGIN
  Blume.Bezeichnung := 'Rose';                {Daten zuweisen}
  Blume.Lagerwert := 990.75;
  Blume.Anzeigen;                             {Methode des Objekts}
  Blume.Fortschreiben;                        {ausführen}
  Blume.Anzeigen;
  Obst.Bezeichnung := 'Melone';
  Obst.Lagerwert := 70;                       {Obst als Instanz }
  Obst.Verfalldatum := '17.09.89';            {von Frisch erbt La-}
  Obst.Anzeigen;                              {gerwert von Artikel}
  WriteLn('Programmende Oop1.');
END.
```

```
Rose mit Wert  990.75      {Anzeigen-Methode ausgeführt}
Änderung in DM? 11         {Fortschreiben-Methode ausgeführt}
Rose mit Wert 1001.75      {Objekt Blume}
Melone mit Wert   70.00    {Objekt Obst}
Programmende Oop1.
```

Options

Menü-Befehl, 4

Das Rolladenmenü Options stellt die Unterbefehle Compiler, Environment, Directories, Parameters, Load options, Save options und Retrieve Options zur Verfügung. Über den Befehl Directories sind die Suchwege für TURBO.HLP, TURBO.TP, EXE-Dateien, Include-Dateien und für Units anzugeben.

Options

Menü-Befehl, 6

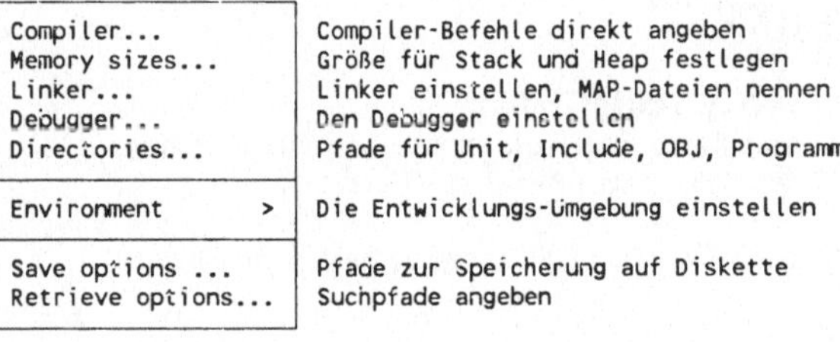

Compiler...	Compiler-Befehle direkt angeben
Memory sizes...	Größe für Stack und Heap festlegen
Linker...	Linker einstellen, MAP-Dateien nennen
Debugger...	Den Debugger einstellen
Directories...	Pfade für Unit, Include, OBJ, Programm
Environment >	Die Entwicklungs-Umgebung einstellen
Save options ...	Pfade zur Speicherung auf Diskette
Retrieve options...	Suchpfade angeben

OR

Arithmetischer Operator

i := IntegerAusdruck OR IntegerAusdruck;
Bit setzen, wenn sie mindestens in einem der beiden Ausdrücke gesetzt sind. Anwendung: Gezieltes Setzen einzelner Bit.
15 anzeigen, da OR 0111 und 1000 zu 1111 verknüpft:

```
WriteLn(7 OR 8);
```

OR

Logischer Operator

b := BooleanAusdruck OR BooleanAusdruck;
Zwei Ausdrücke durch "logisch ODER" verknüpfen:

```
True   OR  True    ergibt   True
True   OR  False   ergibt   True
False  OR  True    ergibt   True
False  OR  False   ergibt   False
```

Werte einer Boolean-Variablen und eines Vergleichsausdrucks ermitteln und dann mit OR verknüpfen:

```
IF Gefunden OR (Nummer=77) THEN ...;
```

Ord

Transfer-Funktion

i := Ord(SkalarAusdruck);

Ordinalwert eines ASCII-Zeichens angeben.
Nummer 66 der Integer-Variablen i1 zuweisen:
```
i1 := Ord('B');
```
Für p als Zeiger zum Beispiel Adresse 23333 ausgeben:
```
WriteLn(Ord(p));
```
Für a=Di vom Typ (Mo,Di,Mi,Don) den Wert 2 nennen:
```
OrdWert := Ord(a);
```

FUNCTION Ord(x: Ordinaler Typ): LongInt;

Output

Standard-Variable

Primär-Ausgabedatei für WriteLn (wie Input). Identische Ausgaben:
```
Write('Ausgabe');                    Write(Output,'Ausgabe');
```

OutText

Grafik-Prozedur, Graph, 4

OutText(TextInGrafik);
Einen Textstring ab der aktuellen Position des Cursors ausgeben. Numerische Werte sind in Strings umzuwandeln:
```
Str(100,ErgStr); OutText('Ergebnis: ',ErgStr);
```

PROCEDURE OutText(Textstring: String);

OutTextXY

Grafik-Prozedur, Graph, 4

OutTextXY(x,y,TextInGrafik);
Einen Textstring an einer bestimmten Position ausgeben:
```
OutTextXY(10,20,'Turbo Pascal griffbereit');
```

PROCEDURE OutTextXY(x,y:Integer; Textstring:String)

Overlay

Standard-Unit, 5

Die Unit OVERLAY.TPU stellt Funktionen, Prozeduren und Symbole zur Verwaltung von Overlays (Programme, die zu verschiedenen Zeitpunkten den gleichen Bereich im RAM belegen) bereit. Die kleinste als Overlay einzulagernde Programmeinheit ist die Unit (Overlay-Unit).

Vordefinierte Prozeduren:
```
OvrClearBuf, OvrGetRetry, OvrInit, OvrInitEMS, OvrSetBuf und
OvrSetRetry
```

Vordefinierte Funktion:
```
OvrGetBuf
```

Vordefinierte Variablen:
```
OvrFileMode:  Byte = 0;
OvrLoadCount: Word = 0;
OvrTrapCount: Word = 0;
OvrResult:    Integer = 0;
```

Ovrresult wird durch jede gerufene Routine von Overlay neu gesetzt und kann folgende Werte annehmen:
```
ovrOk = 0;                 {fehlerfreie Ausführung}
ovrError = -1;             {Fehlermeldung der Overlays}
ovrNotFound = -2;          {OVR-Datei nicht gefunden}
ovrNoMemory = -3;          {Overlay-Puffer nicht vergrößerbar}
ovrIOError = -4;           {IO-Fehler bei OVR-Dateizugriff}
ovrNoEMSDriver = -5;       {EMS-Treiber nicht installiert}
ovrNoEMSMemory = -6;       {EMS-Karte ist zu klein}
```

Vordefinierte Typen und Variablen:

```
TYPE
OvrReadFunc = function(OvrSeg : Word): Integer;
VAR
  OvrReadBuf: OvrReadFunc;
```

Typisierte Konstanten für den Overlay-Manager (in Unit SYSTEM bereitgestellt:

```
OvrCodeList: Word    = 0;              {Codesegment-Liste}
OvrDebugPtr: Pointer = NIL;            {Debugger}
OvrDosHandle:Word    = 0;              {OVR-Handle}
OvrEMSHandle:Word    = 0;              {OVR-EMS-Handle}
OvrHeapEnd:  Word    = 0;              {Pufferende}
OvrHeapOrg:  Word    = 0;              {Pufferanfang}
OvrHeapPtr:  Word    = 0;              {Aktueller Pufferzeiger}
OvrHeapSize: Word    = 0;              {Standard-Puffergröße}
OvrLoadList: Word    = 0;              {geladene Overlays}
```

OvrClearBuf

Overlay-Prozedur, Overlay, 5

Alle Overlay-Units im RAM, d. h. den Overlay-Puffer löschen.

PROCEDURE OvrClearBuf;

OvrGetBuf

Overlay-Funktion, Overlay, 5

Die aktuelle Größe des Overlay-Puffers in Bytes angeben.

FUNCTION OvrGetBuf: LongInt;

OvrGetRetry

Overlay-Funktion, 6

i := OvrSetRetry;
Die Größe des Bewährungsbereichs liefern, dessen Wert zuletzt über OvrSetRetry festgelegt worden sind.

FUNCTION OvrGetRetry: LongInt;

OvrInit

Overlay-Prozedur, Overlay, 5

Die Overlay-Verwaltung initialisieren und die OVR-Datei, in der die Overlay-Units des Programms gespeichert sind, öffnen; erst danach können Overlay-Routinen verwendet werden. Beispielprogramm:

```
PROGRAM OverDemo;
{$F+}                                {Overlay-Routinen stets far}

USES Overlay,OverUnit,Crt,Dos;       {Over... als erste Units nennen}
  {$O OverUnit}                      {Overlay-Unit vereinbaren}

BEGIN
OvrInit('OverDemo.OVR');             {Overlay-Verwaltung öffnen}
IF OvrResult <> ovrOk                {Fehlerabfrage starten}
  THEN BEGIN
         CASE OvrResult OF
           ovrError:    WriteLn('Programm ohne Overlays.')
           ovrNotFound: WriteLn('OVR-Datei nicht da.');
         END;
         Halt(1);
       END
  ELSE WriteLn('Overlay-Datei geöffnet.');
```

PROCEDURE OvrInit(OVR-Dateiname: String);

OvrInitEMS

Overlay-Prozedur, Overlay, 5

Die Overlay-Datei des Programms in die EMS-Karte kopieren

PROCEDURE OvrInitEMS;

OvrSetBuf

Overlay-Prozedur, Overlay, 5

OvrSetBuf(Groesse);
Die Größe des Overlay-Puffers in Bytes festlegen (das größte Overlay bestimmt die Mindestgröße).

PROCEDURE OvrSetBuf(n: LongInt);

OvrSetRetry

Overlay-Prozedur, 6

OvrSetRetry(Groesse);
Die Größe des Bewährungsbereichs im Overlay-Puffer angeben. Eine Größe von 1/3 bis 1/2 der Puffergröße ist sinnvoll:

```
OvrInit('OverDemo.OVR');
OvrSetBuf(Puffergroesse);
OvrSetRetry(Puffergroesse DIV 3);
```

PROCEDURE OvrSetRetry(n: LongInt);

PACKED ARRAY

Datenstruktur

Aus Gründen der Kompatibilität ist das Wort PACKED zur Kennzeichnung gepackter Arrays in Turbo Pascal verwendbar; es wird aber vom Compiler ignoriert.

PackTime

Datum-Prozedur, Dos, 4

PackTime(ZeitRecord, Zeit);
Einen Record des in der Unit Dos vordefinierten Datentyp DateTime in einen gepackten Typ LongInt (für SetFTime) umwandeln.

```
TYPE DateTime = RECORD
                     Year, Month,        {Jahr 1980..2099, Monat 1..12}
                     Day, Hour,          {Tag 1..31, Stunde 0..23}
                     Min, Sec: Word;     {Minuten und Sekunden 0..59}
                   END;
```

PROCEDURE PackTime(VAR ZRec:DateTime; VAR Zeit:LongInt);

Palette

Grafik-Prozedur, Graph3

Palette(FarbPalettenNummer);
Eine der Farbpaletten 0, 1, 2 oder 3 aktivieren:

```
Farbzahl     0            1          2         3
Palette 0    Hintergrund  Grün       Rot       braun
Palette 1    Hintergrund  Türkis     Violett   Hellgrau
Palette 2    Hintergrund  Hellgrün   Hellrot   Gelb
Palette 3    Hintergrund  Hellblau   Pink      Weiß
```

PROCEDURE Palette(Nummer: Integer);

ParamCount

Speicher-Funktion

i := ParamCount;
Die Anzahl der Parameter zurückgeben, die beim Aufruf des jeweiligen Programmes hinter dem Programmnamen als Kommandozeilen-Parameter angegeben wurden. Siehe ParamStr.

FUNCTION ParamCount: Word;

ParamStr

Speicher-Funktion

s := ParamStr(ParameterNummer);
Den der eingegebenen Nummer entsprechenden Parameter als Zeichenkette zurückgeben.

```
IF ParamCount = 0
  THEN WriteLn('Keine Parameter')
  ELSE FOR w := 1 TO ParamCount DO
    WriteLn('Parameter ',w,': ',ParamStr(w));
```

FUNCTION ParamStr(Nr: Word): String;

Pattern

Grafik-Prozedur, Graph3

Pattern(Muster);
Ein Muster (engl. pattern) definieren, um es dann über die Prozedur FillPattern in einem bestimmten Bildschirmbereich abzulegen. Die 8 Bytes der Mustervariablen bilden eine 8*8-Pixel-Matrix (siehe FillPattern)

PROCEDURE Pattern(VAR Must:Array[0..7]) OF Byte);

Pi

Arithmetische Funktion

r := pi;
Den Wert von Pi als 3.141592653589793285 liefern.

FUNCTION Pi: Real;

PieSlice

Grafik-Prozedur, Graph, 4

PieSlice(x,y, StartWinkel,Endwinkel,Radius);
Ein ausgefülltes "Kuchenstück" zeichnen (siehe Arc). Ein Schneckenhaus um (100,70) zeichnen:

```
FOR i := 1 TO 30 DO
  PieSlice(100,70,10*i,Round(10*(i+.5)),3*(i+1));
```

PROCEDURE PieSlice(x,y:Integer; SW,EW,Rad:Word);

Plot

Grafik-Prozedur, Graph3

Plot(x,y, Farbe);
Einen Punkt auf dem Grafikbildschirm zeichnen bzw. löschen (zeichnen in der Hintergrundfarbe). x je nach Modus im Bereich 0-319 bzw. 0-639. y im Bereich 0-199. Farbe 0-3 (gemäß Palette bei GraphColorMode), -1 (ColorTable) oder entsprechend HiResColor (HiRes).

PROCEDURE Plot(x,y,Farbe: Integer);

Port

Standard-Variable

Port[Adresse] := Wert ... b := Port[Adresse];
Den Datenport ansprechen, d.h. auf die Ein-/Ausgabeadressen des Systems direkt zugreifen. Der Indextyp ist Word.
Der Komponenten 56 des Port-Arrays einen Wert zuweisen, um diesen Wert am genannten Port auszugeben:

```
Port[56] := 10;
```

Wert vom genannten Port 56 in Variable b1 einlesen:

```
b1 := Port[56];
```

VAR Port: Array Of Byte;

PortW

Standard-Variable

PortW[Adresse] := Wert ;
Einen Wert in einen Port schreiben bzw. ausgeben.

VAR PortW: Array Of Word;

Pos

String-Funktion

i := Pos(s0,s1);
Anfangsposition von Suchstring s0 in String s1 angeben. Ein Zeichen suchen (Angabe von Position 2 als erstem Auftreten von 'e'):

```
Write(Pos('e','Wegweiser'))
```

Einen Teilstring suchen (mit 3 als Anfangsposition):

```
AnfPos := Pos('ei','Klein, aber fein'));
```

Angabe von 0, da Suchstring 'eis' nicht gefunden wird:

```
WriteLn(Pos('eis','Klein, aber fein'));
```

FUNCTION Pos(s0,s1: String): Byte;

Pred

Ordinale Funktion

x := Pred(OrdinalerAusdruck);
Den Vorgänger (Predecessor) des Ausdruckes (LongInt, ShortInt, Word, Integer, Byte, Char, Boolean, STRING bzw. SET-Inhalt) angeben (siehe Funktion Succ als Umkehrung). Ausgabe der Vorgänger 'F', 0 und 'f' anzeigen:

```
Write(Pred('G'), Pred(1), Pred('griffbereit'));
```

FUNCTION Pred(x:Ordinal): OrdinalWieArgument;

PrefixSeg

Standard-Variable, 4

VAR PrefixSeg: Word;
Dem als EXE-Datei gespeicherten Pascal-Programm wird beim Laden durch MS-DOS ein 256 Bytes langer Programmsegment-Präfix (PSP) vorangestellt. Die Segment-Adresse des PSP wird in der Variablen PrefixSeg bereitgestellt.

Printer

Standard-Unit, 4

Die Unit Printer unterstützt die Druckausgabe; sie vereinbart eine Textdateivariable Lst und ordnet sie der Geräteeinheit Lpt1 zu. Vor dem Drucken ist die Unit mit dem Befehl USES zu aktivieren:

```
PROGRAM DruckDemo
USES Printer;
BEGIN WriteLn(Lst,'... dies wird gedruckt.'); END.
```

PROCEDURE

Reserviertes Wort

PROCEDURE Prozedurname [(formale Parameterliste)];
[NEAR / FAR / INTERRUPT / FORWARD / EXTERNAL]
[Vereinbarungen ...;]
[INLINE-Block;]
BEGIN
Anweisungen ...;
END;

Eine Prozedur wird vereinbart, um sie später über die Prozedur-Anweisung durch Angabe ihres Namens, ggf. gefolgt von einer Liste aktueller Parameter, aufzurufen. Der Aufbau einer PROCEDURE entspricht dem eines PROGRAMs (Prozedurkopf und -block). Der Geltungsbereich einer Prozedur erstreckt sich auf den Block ihrer Vereinbarung und auf alle untergeordneten Blöcke.

Prozedurkopf mit zwei VARiablenparametern als Ein/-Ausgabeparameter (durch das Wort VAR gekennzeichnet):

```
PROCEDURE Tausch1(VAR Zahl1,Zahl2: Integer);
```

Prozedurkopf mit zusätzlich einem Konstantenparameter Wahl als Eingabeparameter (Übergabe nur in die Prozedur hinein):

```
PROCEDURE MinMax(Wahl:Char; VAR s1,s2: Stri30);
```

Die Direktive EXTERNAL ersetzt den Anweisungsblock, um stattdessen den Namen einer Datei in Maschinencode anzugeben (externe Prozedur). Siehe EXTERNAL.

```
PROCEDURE AusgabeStart; EXTERNAL 'StartIO';
```

Die Direktiven NEAR und FAR (an 6.0) unterstützen das entsprechende Speichermodell. Siehe NEAR, FAR.

Die Direktive FORWARD ersetzt den Anweisungsblock, um die Prozedur aufzurufen, bevor sie komplett vereinbart wurde.

```
PROCEDURE Eingabe(VAR Zei: Char); FORWARD;
```

Prozedurale Parameter sind ab Turbo Pascal 5.0 erlaubt. Die Prozeduren und Funktionen sind mit {$F+} zu übersetzen. Siehe TYPE.

INTERRUPT-Prozeduren lassen sich nicht über den Namen, sondern nur über Interrupt-Vektoren aufrufen. siehe INTERRUPT.

OVERLAY PROCEDURE überträgt den Objektcode der Prozedur in eine spezielle OVERLAY-Datei, um den Code bei der späteren Ausführung dann vom entsprechenden Laufwerk abzurufen (nur bei Pascal 3.0; siehe OVERLAY). Ab Pascal 5.0 wird die Overlay-Verwaltung über Overlay-Units abgewickelt; siehe OvrInit.

```
OVERLAY PROCEDURE MenueStart;          {nur bei Turbo Pascal 3.0}
```

PROGRAM

Reserviertes Wort

PROGRAM Programmname [(Programmparameter)];
[USES-Anweisung;]   {ab Pascal 4.0}
[LABEL ...;]
[CONST ...;]
[TYPE ...;]   {Vereinbarungen}

[VAR ...;]
[PROCEDURE ...;]
[FUNCTION ...;]

BEGIN
... **{Anweisungen}**
END.

Das Wort PROGRAM leitet den Quelltext eines Pascal-Programmes ein mit folgenden Bestandteilen: 1. Programmkopf (Name und optionaler Parameter), 2. optionalen USES-Anweisungen und 3. Programmblock (Vereinbarungsteil und Anweisungsteil). PROGRAM- und PROCEDURE-Vereinbarungen sind ähnlich aufgebaut. Unterschiede im Programmkopf und der zusätzlichen USES-Anweisung.

Das einfachste Programm ist parameterlos und ohne Vereinbarungsteil:

```
PROGRAM Einfach;
BEGIN
  WriteLn('Diese Zeile wird am Bildschirm gezeigt.')
END.
```

Programmparameter ignoriert der Compiler. Zwei identische Köpfe:

```
PROGRAM Demo(Input,Output);              PROGRAM Demo1;
```

Die Unit SYSTEM wird automatisch aktiviert. Die USES-Anweisung teilt dem Compiler und Linker mit, welche Units zusätzlich vom Programm benutzt werden. Siehe USES.

```
USES Dos,Crt;                          {Zwei Units aktivieren}
```

Ptr

Speicher-Funktion

p := Ptr(Segment,Offset);
Die Angaben für Segment und Offset in einen Zeiger umwandeln, der auf die durch (Segment:Offset) gebildete Adresse zeigt.

```
VAR p: ^Byte;
BEGIN
  p := Ptr($40,$49);
  WriteLn(p^,' als Videomodus');
```

FUNCTION Ptr(Segment,Offset:Word): Pointer;

PutImage

Grafik-Prozedur, Graph, 4

PutImage(x,y,Puffer,Daten);
Einen zuvor mit GetImage in einer Puffervariablen abgelegten rechteckigen Bildausschnitt anzeigen. (x,y) legt den linken oberen Eckpunkt fest (BitBlt siehe Unit Graph).

PROCEDURE PutImage(x,y:Word; VAR Puffer; BitBlt:Word);

PutPic

Grafik-Prozedur, Graph3

PutPic(Puffer, x,y);
Einen zuvor mit GetPic in eine Puffervariablen gespeicherten Grafikbereich ausgeben. (x,y) bezeichnet die linke untere Ecke.

PROCEDURE PutPic(VAR Puffer; x,y: Integer);

PutPixel

Grafik-Prozedur, Graph, 4

PutPixel(SpaltenNr,ZeilenNr,FarbNr);
Einzelne Punkte in einer bestimmten Farbe zeichnen.

```
Spalte := GetMaxX; Zeile := GetMaxY;
REPEAT
  PutPixel(Random(Spalte),Random(Zeile),Random(16));
UNTIL KeyPressed;
```

PROCEDURE PutPixel(x,y:Integer; Farbe:Word);

Random

Speicher-Funktion

Random;
Eine Real-Zufallszahl zwischen Null (einschließlich) und 1 (ausschließlich) erzeugen.

Random(ObereGrenze);
Eine ganzzahlige Zufallszahl zwischen Null (einschließlich) und der genannten Grenze (ausschließlich) erzeugen.
Eine Zufallszahl im Bereich 11,12,13,...,30 ausgeben:

```
WriteLn(Random(20) + 11);
```

FUNCTION Random: Real;
FUNCTION Random(Grenze: Word): Word;

Randomize

Speicher-Prozedur

Randomize;
Zufallszahlengenerator unter Verwendung von Systemdatum und -zeit mit einer Zufallszahl starten.

PROCEDURE Randomize;

RandSeed

Standard-Variable, System

In der globalen Variablen RandSeed ist der Startwert des RANDOMIZE-Generators abgelegt, den der Benutzer direkt ändern kann.

CONST RandSeed: LongInt = 0;

Read

Datei-Prozedur

Read(Dateivariable,Datensatzvariable);
Auf eine Datei mit konstanter Datensatzlänge lesend in zwei Schritten zugreifen:

1. Datensatz von der Diskettendatei in den RAM einlesen und in der Datensatzvariablen ablegen.
2. Dateizeiger um eine Position erhöhen.

Aus TelFil den Datensatz, auf den der Dateizeiger gerade zeigt, in die Variable TelRec einlesen (Satzaufbau auf Diskette und im RAM sind gleich; siehe Rewrite):

```
Read(TelFil,TelRec);
```

Read(Dateivariable,Var1,Var2,...);
Auf eine Datei mit variabler Datensatzlänge lesend in zwei Schritten zugreifen:

1. Nächste Einträge in Variablen Var1, Var2, .. lesen.

2. Dateizeiger um die entsprechende Anzahl erhöhen.
Die nächsten drei Einträge in den RAM einlesen:

```
Read(NotizFil,Name,Summe,Datum);
```

PROCEDURE Read(VAR f,v1 [,v2,...,vn]); *FILE,FILE OF*
PROCEDURE Read(VAR f:Text;] v1[,v2,...,vn]); *TEXT-Datei*

Read

E/A-Prozedur

Read(Variable1 [,Variable2,...]);
Wie ReadLn (siehe unten), aber ohne CRLF am Ende (der Cursor bleibt somit hinter der Tastatureingabe stehen).

ReadKey

E/A-Funktion, Crt, 4

Ein Zeichen über die Eingabedatei ohne Return und ohne Bildschirmecho entgegennehmen.
Das nächste eingetippte Zeichen nach c (Char-Typ) lesen:

```
Write('Wahl E, V oder Y? '); c := ReadKey;
```

Eingabe eines Zeichens mit Echo (Eingabewiederholung):

```
Write('Wahl? '); c := ReadKey; WriteLn(c);
```

Das Drücken einer Funktionstaste abfragen (mit Echo):

```
c := ReadKey;
IF c = #0
  THEN WriteLn('Funktionstaste: ',Ord(ReadKey))
  ELSE WriteKn('Normale Taste: ',c);
```

FUNCTION ReadKey: Char;

ReadLn

E/A-Prozedur

ReadLn(Variable1 [Variable2,...]);
Daten von der Tastatur in drei Schritten eingeben:

1. Auf die Tastatureingabe des Benutzer warten.
2. Eingabedaten (Leerzeichen trennt die Daten) in die genannten Variablen zuweisen.
3. CRLF senden: Cursor am Anfang der Folgezeile.

Keine Tastatureingabe ohne Eingabeaufforderung:

```
Write('Wieviel DM? '); ReadLn(Betrag);
WriteLn('Welche zwei Zahlen (Leerstelle trennt)?');
ReadLn(Zahl1,Zahl2);
```

PROCEDURE ReadLn(v1 [,v2,...,vn]);
PROCEDURE ReadLn(VAR f:Text; v1 [,v2,...,vn]);

Real

Standard-Datentyp

VAR Variablenname: Real;
Datentyp Real für reelle Zahlen zwischen -2.9*1E-39 und 1.7*1E+38 mit einer Genauigkeit von 11-12 Stellen.
Die Variable Betrag belegt 6 Bytes an Speicherplatz:

```
VAR Betrag: Real;
```

Gleitkomma-Zuweisung erlaubt (lies: 6 mal 10 hoch 13):

```
Betrag := 6E+13;
```

Formatierte Bildschirmausgabe (8 Stellen gesamt, 2 Dezimalstellen, eine Stelle für ".", maximal 99999.99, für größere Zahlenwerte automatische Erweiterung des Ausgabefeldes):

```
WriteLn('Endbetrag: ',Betrag:8:2,' DM.');
```

Real-Datentypen: Single, Double, Extended und Comp zählen ab Version 4.0 zu den Real-Datentypen, um Zahlen mit Nachkommateil zu speichern. Im Gegensatz zu den Integer-Typen umfassen die Real-Typen stets negative und positive Zahlen und werden in Exponentialschreibweise ausgegeben (E-39 steht für 10^{-39}).

```
Real-Datentyp:        Wertebereich:              Genauigkeit:
 Real                 2.9xE-39 bis 1,7xE38       11 bis 12 Stellen
 Single               1.5xE-45 bis 3.4xE38        7 bis  8 Stellen
 Double               5xE-324 bis 1.7xE308       15 bis 16 Stellen
 Extended             1.9xE-4951 bis 1.1xE4932   19 bis 20 Stellen
 Comp                 -9.2xE18 bis 9.2xE18       18 bis 19 Stellen
```

RECORD

Datenstruktur

RECORD
Feld1:Typ1; Feld2:Typ2; ...; Feldn:Typn; **invarianter Teil**
[CASE variante Felder END;] **varianter Teil**
END;

Die Datenstruktur Record dient als Verbund von Komponenten (Datenfeldern), die verschiedene Typen haben können. Siehe WITH.
Record-Variable ArtRec mit impliziter Typvereinbarung:

```
VAR
  ArtRec: RECORD
            Bezeichnung: STRING[35];
            Lagerwert:   Real;
          END;
```

Variable ArtRec mit expliziter Typvereinbarung (Vorteil: der Record kann als Parameter übergeben werden):

```
TYPE
  Artikelsatz = RECORD
                  Bezeichnung: STRING[35];
                  Lagerwert:   Real;
                END;
VAR
  ArtRec: Artikelsatz;
```

Im varianten Teil (stets letzte RECORD-Komponente) lassen sich Felder in Abhängigkeit eines Selektor-Feldes auswählen. Variante Bestellt mit zwei Feldern oder einem Feld:

```
RECORD
  Bezeichnung: STRING[35];
  Lagerwert:   Real;
  CASE Bestellt: Boolean OF True:  (Bestelldatum: STRING[8];
                                    Bestellmenge: Integer);
                            False: (Lagermenge: Integer);
  END;
```

Variante Stand mit keinem Feld oder einem Feld:

```
CASE Stand: STRING[5] OF 'ledig': ();
                         'sonst': (GebName: STRING[25]);
END;
```

Rectangle

Grafik-Prozedur, Graph, 4

Rectangle(x1,y1,x2,y2);
Ein Rechteck gemäß SetLineStyle zeichnen.

PROCEDURE Rectangle(x1,y1,x2,y2: Integer);

RegisterBGIDriver

Grafik-Funktion, Graph, 4

i := RegisterBGIDriver(TreiberAdr);
Einen als OBJ-Datei eingebundenen Grafiktreiber an seiner durch TreiberAdr benannten Anfangsadresse suchen und in die Tabelle

eintragen, auf die InitGraph und SetGraphMode dann zugreifen. Es wird die Kennziffer des Treibers (Fehler negativ) zurückgegeben.

FUNCTION RegisterBGIDriver(Treiber: Pointer): Integer;

RegisterBGIFont

Grafik-Funktion, Graph, 4

i := RegisterBGIDriver(FontAdr);
Einen als OBJ-Datei eingebundenen Vektor-Zeichensatz an seiner durch FontAdr benannten Anfangsadresse suchen und in die Tabelle eintragen, auf die InitGraph und SetGraphMode dann zugreifen; Rückgabe der Zeichensatz-Kennziffer (Fehler negativ).

FUNCTION RegisterBGIFont(Font: Pointer): Integer;

Release

Heap-Prozedur

Release(Zeigervariable);
Den Heapzeiger auf die Adresse setzen, die die angegebene Zeigervariable enthält, um damit alle dynamischen Variablen über dieser Adresse freizugeben bzw. zu löschen. Im Gegensatz zu Dispose kann man mit Release keine dynamischen Variablen inmitten des Heaps löschen. Den Wert des Heapzeigers der Zeigervariablen p1 zuweisen, um den darüberliegenden Speicherplatz frei zu machen:

```
Mark(p1); Release(p1);
```

PROCEDURE Release(VAR p: Pointer);

Rename

Datei-Prozedur

Rename(DateivariableAlt,DateivariableNeu);
Den Namen der Dateivariablen einer zuvor mit Assign zugeordneten Datei ändern. Datei TelFil soll als TelefonFil benannt werden:

```
Rename(TelFil,TelefonFil);
```

Beim Umbenennen gleichzeitig das Directory wechseln:

```
Assign(f,'\Sprache\Turbo\Rechnung.PAS');
Rename(f,'\Rech1.PAS');
```

PROCEDURE Rename(VAR f; Dateiname:String);

REPEAT

Anweisung

REPEAT
Anweisung;
UNTIL BooleanAusdruck;
Nicht-abweisende Schleife als Wiederholungsstruktur kontrollieren: Anweisungsblock zwischen REPEAT und UNTIL ausführen, bis die Auswertung des Booleschen Ausdrucks den Wert True ergibt. Im Gegensatz zur WHILE-Schleife wird die REPEAT-Schleife stets mindestens einmal ausgeführt. Schleife mit Eingabezwang:

```
REPEAT
  Write('Ihre Wahl? ');
  ReadLn(Wahl);
UNTIL Wahl IN ['A','B','C','e','E'];
```

Alle Sätze einer Telefondatei lesen und anzeigen:

```
Assign(TelFil,'B:Telefon1.DAT'); Reset(TelFil);
REPEAT
  Read(TelFil,TelRec);
  DatensatzAnzeigen;
UNTIL Eof(TelFil);
```

Reservierte Wörter

Bezeichner, 6

AND	ARRAY	ASM	BEGIN
CASE	CONST	CONSTRUCTOR	DESTRUCTOR
DIV	DO	DOWNTO	ELSE
END	FILE	FOR	FUNCTION
GOTO	IF	IMPLEMENTATION	IN
INLINE	INTERFACE	LABEL	MOD
NIL	NOT	OBJECT	OF
OR	PACKED	PROCEDURE	PROGRAM
RECORD	REPEAT	SET	SHL
SHR	STRING	THEN	TO
TYPE	UNIT	UNTIL	USES
VAR	WHILE	WITH	XOR

Reservierte Wörter (Assembler)

Bezeichner, 6

Als Operanden der Befehle des integrierten Assemblers haben folgende Wörter eine besondere Bedeutung; sie haben Vorrang vor benutzerdefinierten Bezeichnern.

AH	BL	CL	DL	FAR	NOT	SEG	SS	XOR
AL	BP	CS	DS	HIGH	OFFSET	SHL	ST	
AND	BX	CX	DWORD	LOW	OR	SHR	TBYTE	
AX	BYTE	DH	DX	MOD	PTR	SI	TYPE	
BH	CH	DI	ES	NEAR	QWORD	SP	WORD	

CH spricht man als benutzerfefinierte Variable - und nicht als Register - durch Voranstellen von & mit &CH an. Siehe &, ASM.

Reset

Datei-Prozedur

Reset(Dateivariable [,BlockGroesse]);
Eine mit Assign zugeordnete und existierende Datei in zwei Schritten öffnen:

1. Gegebenenfalls geöffnete Datei schließen.
2. Dateizeiger auf die Anfangsposition 0 stellen.

Auf eine Textdatei (TEXT) kann man anschließend nur lesend zugreifen; zum Schreiben muß mit Append geöffnet werden. Die anderen Dateitypen (FILE OF, FILE) erlauben den lesenden oder den schreibenden Zugriff.
Datei Telefon1.DAT zum Lesen bzw. Schreiben öffnen:

```
Assign(TelFil,'B:Telefon1.DAT);
Reset(TelFil);
```

Eine Datei - falls nicht vorhanden - neu leer anlegen:

```
{$I-} Reset(TelFil); {$I+}
IF IOResult <> 0 THEN Rewrite(ArtFil);
```

Bei einer nicht-typisierten Datei (Dateityp FILE) kann über den Parameter BlockGroesse die Anzahl von Bytes angegeben werden, die beim Zugriff jeweils zu übertragen sind (Standard sind 128 Bytes).

Datei dat bezieht sich auf die Standardeingabe (Handle 0, Input):

```
Assign(dat,''); Reset(dat);              {Leerstring '' bei Assign}
```

PROCEDURE Reset(VAR f [:FILE; BlockGroesse:Word]);

RestoreCrt

E/A-Prozedur, Crt, 4

RestoreCrt;
Den Videomodus des Programm-Starts einstellen. Siehe TextMode.

PROCEDURE RestoreCrt;

RestoreCrtMode
Grafik-Prozedur-Graph, 4

RestoreCrtMode;
Den beim Grafik-Start aktiven Videomodus wieder einstellen.

```
RestoreCrtMode;              {auf Text umschalten}
SetGraphMode(EGA);           {auf Grafik umschalten}
```

PROCEDURE RestoreCrtMode;

Rewrite
Datei-Prozedur

Rewrite(Dateivariable [,BlockGroesse]);
Eine mit Assign zugeordnete Datei in zwei Schritten öffnen, um eine neue Datei anzulegen bzw. zu erzeugen:

1. Eine gegebenenfalls geöffnete Datei löschen und schließen.
2. Den Dateizeiger auf die Anfangsposition 0 stellen.

B:Telefon1.DAT soll als Leerdatei neu angelegt werden:

```
TYPE
  Telefonsatz = RECORD
                  Name: STRING[25];
                  Nummer: STRING[20];
                END;
  Telefondatei = FILE OF Telefonsatz;
VAR
  TelRec: Telefonsatz;
  TelFil: Telefondatei;
BEGIN
  Assign(TelFil,'B:Telefon1.DAT');
  Rewrite(TelFil); ...
```

Für f als nicht-typisierte Datei (Dateityp FILE) kann man über den Parameter BlockGroesse die Anzahl der zu übertragenden Bytes (standardmäßig 128 Bytes) angeben.

PROCEDURE Rewrite(VAR f [: FILE; BlockGroesse: Word]);

RmDir
Datei-Prozedur

RmDir(Pfadname);
Genanntes (leeres) Unterverzeichnis löschen. Identisch zu DOS-Befehl RD (siehe auch ChDir, GetDir und MkDir). Unterverzeichnis \Anwend1 von Laufwerk B: entfernen.

```
RmDir('b:\Anwend1');
```

PROCEDURE RmDir(VAR Pfadname: String);

Round
Transfer-Funktion

i := Round(RealAusdruck);
Den Ausdruck ganzzahlig bzw. kaufmännisch ab-/aufrunden.

```
Write(Round(7.44),Round(-3.9));            {7 bzw. -4 ausgeben}
```

FUNCTION Round(r:Real): LongInt;

Run
Menü-Befehl, 4

Das Menü Run stellt bei 5.0 und 5.5 sechs Unterbefehle bereit (in Version 4.0 ohne Unterbefehle; Run/Run also identisch mit Run).

Der Befehl Run/Run übernimmt folgende fünf Aufgaben:

1. Make aufrufen und prüfen, ob eine am Programm beteiligte Unit neu zu compilieren ist (wenn ja: Compiler aufrufen). Dann wird das Programm selbst übersetzt.
2. Den Linker aufrufen, um alle Module zu einem lauffähigen Programm zu binden.
3. Den Quelltext bzw. Inhalt des Edit-Fensters sichern (falls Options/E/Auto Save Edit auf ON gesetzt ist)
4. Den Bildschirm löschen und das Programm ausführen.
5. Nach Beenden der Programmausführung am Bildschirm den Text "Press any key to return to Turbo Pascal" zeigen.

Run

Menü-Befehl, 6

Menüpunkt	Taste	Bedeutung
Run	Ctrl-F9	Das aktive Programm ausführen
Program reset	Ctrl-F2	Debugging bzw. Fehlersuche anhalten
Go to cursor	F4	Bis zur Cursorposition ausführen
Trace into	F7	Nachsten Programmschritt ausführen
Step over	F8	Wie Trace into, aber Prozedur übergehen
Parameters...		Kommandozeilen-Parameter angeben

RunError

Datei-Prozedur, 5

RunError[(Fehlernummer)];
Einen Laufzeitfehler erzeugen und das Programm definiert abbrechen; im Gegensatz zur Halt-Prozedur den Laufzeitfehler melden.

```
IF p = NIL THEN RunError(204):
```

PROCEDURE RunError [(ErrorCode: Word)];

Search

Menü-Befehl, 6

Menü zum Suchen und Ersetzen von Programmtext.

Find...	Text suchen
Replace...	Text suchen und dann ersetzen
Search again	Das letzte Find/Replace nochmals
Go to line number...	Cursor zur Zeilennummer bewegen
Find procedure...	Funktions-/Prozedurdefinition bei Debug
Find error...	Cursor zur Laufzeitfehler-Position

Sector

Grafik-Prozedur, Graph, 5

Sector(x,y,StartWinkel,EndWinkel,XRadius,YRadius);
Ein Kreisbogenstück zeichnen (PieSlice - Kreis, Sector - Ellipse).

PROCEDURE Sector(x,y:Integer; StartWinkel,Endinkel,
XRadius,YRadius:Word);

Seek

Datei-Prozedur

Seek(Dateivariable,Datensatznummer);
Den Dateizeiger auf den durch die Datensatznummer bezeichneten Datensatz positionieren (erster Datensatz mit Datensatznummer 0).
Den 1. Satz der Telefondatei direkt in den RAM lesen:

```
Seek(TelFil,0); Read(TelFil,TelRec);
```

Einen neuen Datensatz am Ende der Datei anfügen:

```
Seek(TelFil, FileSize(TelFil) ); Write(TelFil,TelRec);
```

PROCEDURE Seek(VAR f; Posit:LongInt);

SeekEoF

Datei-Funktion

b := SeekEoF(Textdateivariable);
Die Boolesche Funktion ergibt True, sobald der Dateizeiger auf das Ende der Textdatei zeigt. Abweichung zur EoF-Funktion: SeekEoF überspringt Leerzeichen (!32, $20), Tabulatoren (#9, $09) bzw. Zeilenendemarke (#13#10, $0D$0A, CRLF) und prüft erst dann auf das Dateiende. Anwendung von SeekEof, wenn die Anzahl der Objekte einer Zeile bzw. einer Datei unbekannt ist.

FUNCTION SeekEoF(VAR f: Text): Boolean;

SeekEoLn

Datei-Funktion

b:= SeekEoLn(Textdateivariable);
Boolesche Funktion ergibt True, sobald das Zeilenende (#13#10, $0D$0A, CRLF) erreicht ist. Abweichung zur EoLn-Funktion: Leerzeichen und Tabulatoren werden vor dem Test auf Zeilenende übersprungen.

FUNCTION SeekEoLn(VAR f: Text): Boolean;

Seg

Speicher-Funktion

i := Seg(Ausdruck);
Den Segmentwert der Adresse einer Variablen, Prozedur oder Funktion im RAM als Word angeben (siehe Ofs für den Offsetwert einer Adresse im Format Segmentwert:Offsetwert).
Den Offset von Variable, Array- bzw. Record-Komponente zeigen:

```
WriteLn( Seg(Betrag), Seg(Ums[3]), Seg(TelFil.Name) );
```

FUNCTION Seg(VAR: Name): Word;

SET OF

Datenstruktur

SET OF Grundmengentyp;
Das reservierte Wort SET bezeichnet eine Untermenge. Als Grundmengentyp sind Integer, ShortInt, LongInt, Word, Byte, Boolean, Char, Aufzähl- und Teilbereichstypen zugelassen. Maximal 256 Elemente für den Grundmengentyp (SET OF Integer falsch, SET OF Byte gut). Mengenvariable m mit impliziter Typvereinbarung:

```
VAR m: SET OF 1..3;
```

Mengenvariable m mit expliziter Typvereinbarung:

```
TYPE
  Mengentyp = SET OF 1..3;
VAR
  m: Mengentyp;
```

SetActivePage

Grafik-Prozedur, Graph, 4

SetActivePage(SeitenNummer);
Eine bestimmte Grafik-Seite (ab SeitenNummer 0) aktivieren.

PROCEDURE SetActivePage(Seite: Word);

SetAllPalette

Grafik-Prozedur, Graph, 4

SetAllPalette(Palette);
Alle Einträge der Farb-Palette setzen (PaletteType in Unit Graph).

PROCEDURE SetAllPalette(VAR Palette: PaletteType);

SetAspectRatio

Grafik-Prozedur, Graph, 5

SetAspectRatio(XAspect,YAspect);
Korrekturfaktor für das Höhen-/Seitenverhältnis direkt setzen. Wertepaare werden von GetAspectRatio geliefert: YAspect=10000 konstant, XAspect verhältnismäßig dazu.

PROCEDURE SetAspectRatio(X,Y: Word);

SetBkColor

Grafik-Prozedur, Graph, 4

SetBkColor(FarbNr);
Einen Paletten-Eintrag als Hintergrundfarbe setzen.

PROCEDURE SetBkColor(Farbe: Word);

SetCBreak

Datei-Prozedur, Dos, 5

SetCBreak(BreakPrüfenOderNicht);
Das Break-Flag von Dos auf den mit Break angegebenen Wert setzen, damit MS-DOS auf Strg-Break prüft (siehe GetCBreak).

PROCEDURE SetCBreak(Break: Boolean);

SetColor

Grafik-Prozedur, Graph, 4

SetColor(Farbe);
Einen Paletten-Eintrag als Zeichenfarbe setzen. Den ersten Paletten-Eintrag als Zeichenfarbe wählen:

```
SetColor(0);          {... (1) für 2. Eintrag usw.}
```

PROCEDURE SetColor(Farbe: Word);

SetDate

Datum-Prozedur, 4

SetDate(J,M,T,W);
Das Datum vom MS-DOS setzen (siehe GetDate). Mögliche Werte 1980..2099 (Jahr), 1..12 (Monat), 1..31 (Tag), 0..6.

PROCEDURE SetDate(Jahr,Monat,Tag,Wochentag: Word);

SetFAttr

Dateieintrag-Funktion, Dos, 4

SetFAttr(Dateivariable,Attribut);
Dateiattribute einer Datei setzen (siehe GetFAttr).

```
Assign(dat,'B:\Versuch.PAS');              {Attributkonstanten}
SetFAttr(dat, Hidden + ReadOnly);          {siehe Unit Dos}
```

PROCEDURE SetFAttr(VAR f; VAR Attribut: Byte);

SetFillPattern

Grafik-Prozedur, Graph, 4

SetFillPattern(Muster);
Muster für Flächenfüllungen über die Variable Muster vom Typ FillPatternType (siehe Unit Graph) definieren:

```
CONST Gray50: FillPatternType = ($AA,$55,$AA,$55,$AA,$55,$AA,$55);
BEGIN ...; SetFillPattern(Gray50,Red);
```

PROCEDURE SetFillPattern(Muster:FillPatternType; Farbe:Word);

SetFillStyle

Grafik-Prozedur, Graph, 4

SetFillStyle(Muster,Farbe);
Ein entsprechend den Füllmuster-Konstanten (siehe Unit Graph) vordefiniertes Muster zur Flächenfüllung angeben.

PROCEDURE SetFillStyle(Muster,Farbe: Word);

SetFTime

Datum-Prozedur, Dos, 4

SetFTime(Dateivariable,Zeit);
Datum u. Uhrzeit der letzten Dateiänderung setzen, siehe GetFTime.

PROCEDURE SetFTime(VAR f; Zeit:LongInt);

SetGraphBufSize

Grafik-Prozedur, 4

SetGraphBufSize(Puffergroesse);
Die Größe des Puffers für Flächenfüllungen mit FillPoly und FloodFill festlegen.

PROCEDURE SetGraphBufSize(Puffer: Word);

SetGraphMode

Grafik-Prozedur, Graph, 4

SetGraphMode(Grafikmodus);
In den genannten Grafikmodus (entsprechend den Grafikmodus-Konstanten, siehe Unit Graph) wechseln und den Bildschirm löschen.

```
SetGraphMode(HercMonoHi);        {Grafik einschalten}
...; RestoreCrtMode;             {Text einschalten}
...; SetGraphMode(EGALo);        {Andere Grafik einschalten}
```

PROCEDURE GraphMode(Grafikmodus: Integer);

SetIntVec

Interrupt-Prozedur, Dos, 4

SetIntVec(VektorNummer,Vektor);
Einen Interrupt-Vektor auf eine bestimmte Adresse setzen (siehe GetIntVec). Der Vektor wird über Addr, den Adreß-Operator @ oder über Ptr erzeugt.

PROCEDURE SetIntVec(VNr:Byte; VAR v:Pointer);

SetLineStyle

Grafik-Prozedur, Graph, 4

SetLineStyle(Linienart,Muster,Linienbreite);
Linienart und Linienbreite (gemäß den Linien-Konstanten von Graph) setzen (siehe auch GetLineSettings).

PROCEDURE SetLineStyle(LineStyle,Pattern,Thickness: Word);

SetPalette

Grafik-Prozedur, Graph, 4

SetPalette(FarbNr,Farbe);
Einen Eintrag der aktiven Farb-Palette ändern. Die in Farbe 0 gezeichneten Objekte sollen rot erscheinen:

```
SetPalette(0,Red);
```

PROCEDURE SetPalette(ColorNum:Word; Color:Byte);

SetRGBPalette

Grafik-Prozedur, Graph, 5

SetRGBPalette(FarbNr,RotWert,GrünWert,BlauWert)
Eintrag der Farb-Palette für den IBM Adapter 8514 bzw. VGA-Karten im 256-Farben-Modus (mögliche FarbNr = 0..255) ändern.

PROCEDURE SetRGBPalette(FNr,Red,Green,Blue: Integer);

SetTextBuf

Datei-Prozedur, 4

SetTextBuf(Textdateivariable,Puffer[,Block]);
Für eine Textdatei einen Puffer (Standard ist 128 Bytes) zuordnen. Ist Block angebenen, wird nur der entsprechende Teil von Puffer benutzt. Einen 10-KB-Puffer zuordnen:

```
VAR Puffer: ARRAY[1..10240] OF Char; {10 KB}
BEGIN
  Assign(TDatei,ParamStr(1));
  SetTextBuf(TDatei,Puffer); Reset(TDatei);
```

PROCEDURE SetTextBuf(VAR f:Text; VAR Puffer [;Block:Word];)

SetTextJustify

Grafik-Prozedur, Graph, 4

SetTextJustify(Horizontal,Vertikal);
Text für OutText und OutTextXY ausrichten (Justierungs-Konstanten siehe Unit Graph).
'Klaus' mit 'a' im Zentrum von Punkt (70,70) anzeigen:

```
SetTextJustify(CenterText,CenterText);
OutTextXY(70,70,'Klaus');
```

PROCEDURE SetTextJustify(Horiz,Vert: Word);

SetTextStylc

Grafik-Prozedur, Graph, 4

SetTextStyle(Zeichensatz,Rotation,Groesse);
Zeichensatz (Font), Rotation (Ausgabe von links nach rechts (HorizDir) bzw. von unten nach oben (VertDir)) und Groesse von Textzeichen festlegen (Konstanten siehe Unit Graph).
Ab jetzt große Schrift 8 (1 als normale Größe) festlegen:

```
SetTextStyle(GothicFont,HorizDir,8);
```

PROCEDURE SetTextStyle(Font,Dir,CharSize: Word);

SetTime

Datum-Prozedur, Dos, 4

Die Systemzeit setzen (siehe GetTime, GetDate, SetDate).

PROCEDURE SetTime(Std,Min,Sek,SekHundertst: Word);

SetUserCharSize

Grafik-Prozedur, Graph, 5

SetUserCharSize(MultY,DivX,MultY,DivY)
Im Gegensatz zu SetTextStyle Vergrößerungsfaktoren in X- und Y-Richtung für Grafik-Zeichensätze unabhängig voneinander setzen. Text 'Griffbereit' mit Breite 9 und Höhe 5.5 ausgeben:

```
SetTextStyle(GothicFont,HorizDir,1);          {1=Schrift normal groß}
SetUserCharSize(9,1,11,2);
OutTextXY(50,30,'Griffbereit');
```

PROCEDURE SetUserCharSize(MY,DY,MX,DX: Word);

SetVerify

Speicher-Prozedur, Dos 5

Das Verify-Flag von MS-DOS setzen (siehe GetVerify).

PROCEDURE SetVerify(Verify: Boolean);

SetViewPort

Grafik-Prozedur, Graph, 4

Ein Grafik-Zeichenfenster einrichten. 130 Pixel breites Fenster oben links; die Linie endet bei 130,130 (ClipOn schneidet den Rest ab):

```
SetViewPort(0,0,130,130,ClipOn);
LineTo(150,150);
```

PROCEDURE SetViewPort(x1,y1,x2,y2: Word; Clip: Boolean);

SetVisualPage

Grafik-Prozedur, Graph, 4

SetVisualPage(SeitenNummer);
Festlegen, welche Grafik-Seite sichtbar ist (mit SetActivePage wird festgelegt, auf welche Seite gezeichnet wird):

```
SetVisualPage(0);            {sichtbar}
SetActivePage(1); ...;       {unsichtbar zeichnen}
SetVisualPage(1);            {nun für den Benutzer sichtbar}
```

PROCEDURE SetVisualPage(Seite: Word);

SetWriteMode

Grafik-Prozedur, Graph, 5

SetWriteMode(Modus);
Linien- bzw. Zeichenoperationen sollen den vorhergehenden Bildinhalt überschreiben (Modus=CopyPut) oder als Verknüpfung ausführen (Modus=XORPut). Werte für den Modus-Ausdruck sind in Unit Graph wie folgt definiert:

```
CONST CopyPut=0;          {MOV-Befehl für Überschreiben}
      XORPut =1;          {XOR-Operation mit dem Bildinhalt ausführen}
```

PROCEDURE SetWriteMode(WriteMode: Integer);

SHL

Logischer Operator

i := IntegerAusdruck SHL BitAnzahl;
Das Bitmuster im Ausdruck um die angegebene Bitanzahl nach links verschieben (SHL für SHift Left).
256 nach i1 zuweisen (aus 000001000 wird 100000000):

```
i1 := 8 SHL 5;
```

Da sich die Stellenwerte einer Binärzahl bei jedem Schritt nach links verdoppeln, entspricht "Zahl4 SHL 1" der Operation "Zahl4*2" (Vorteil: Verschiebeoperationen sind viel schneller als Multiplikationsoperationen).

```
WriteLn('Verdopplung von Zahl4: ', Zahl4 SHL 1);
```

ShortInt

Standard-Datentyp, 4

VAR Variablenname: ShortInt;
Ab Pascal 4.0 sind die Integer-Typen ShortInt, Integer, LongInt, Byte und Word vordefiniert. ShortInt umfaßt den Wertebereich -128..127 (8-Bit-Zahlen mit Vorzeichen).

SHR

Arithmetischer Operator

i := IntegerAusdruck SHR BitAnzahl;
Das Bitmuster im Ausdruck um die angegebene Bitanzahl nach rechts verschieben (SHR für SHift Right).
1 nach i2 zuweisen (aus 1000 wird 0001):

```
i2 := 8 SHR 3;
```

Verschiebeoperation "Zahl3 SHR 1" gleich "Zahl3 DIV 2":

```
Write('Halbierung von Zahl3: ',Zahl3 DIV 2);
```

Sin

Arithmetische Funktion

r := Sin(RealAusdruck);
Für einen Ausdruck den Sinus im Bogenmaß angeben.

```
WriteLn(Sin(Pi/2):3:1);                    {Wert 1.0 anzeigen}
```

FUNCTION Sin(r: Real): Real;

Single

Standard-Datentyp, 4

Ab Pascal 4.0 sind die Real-Typen Real, Single, Double, Extended und Comp vordefiniert. Single umfaßt den Bereich von 1.5*E-45 bis 3.4*E38 (Genauigkeit 7-8 Stellen) und setzt einen numerischen Coprozessor voraus.

SizeOf

Speicher-Funktion

i := SizeOf(Variable / Typ);
Die Anzahl der durch die Variable bzw. den Datentyp im RAM belegten Bytes nennen. Auf dem Heap die korrekte Anzahl von Bytes reservieren:

```
VAR p: ^Integer;
BEGIN GetMem(p, SizeOf(Integer));
```

Ab Version 6.0: Für Objekttypen mit VMT (virtueller Methodentabelle) liefert der Aufruf SizeOf(Instanz des Objekttyps) die tatsächliche Größe der Instanz, und nicht die vereinbarte Größe.

FUNCTION SizeOf(VAR Variablenname): Word;
FUNCTION SizeOf(Datentypname): Word;

Sound

E/A-Prozedur, Crt

Sound(FrequenzInHertz);
Einen Ton in der angegebenen Frequenz so lange ausgeben, bis der Lautsprecher durch die Prozedur NoSound abgeschaltet wird. Einen Ton mit 400 Hertz ca. 6 Sekunden ausgeben:

```
Sound(400); Delay(6000); NoSound;
```

PROCEDURE Sound(Frequenz: Word);

SPtr

Speicher-Funktion, 4

Den aktuellen Wert des Stackzeigers (SP-Register) in Form des Offsets der Stackspitze angeben.

FUNCTION SPtr: Word;

Sqr

Arithmetische Funktion

x := Sqr(IntegerAusdruck / Real-Ausdruck);
Das Quadrat des genannten Ausdrucks angeben. 64 als Integer und daneben 2.25 als Real anzeigen:

```
WriteLn(Sqr(8),' ',Sqr(-1.5))
```

FUNCTION Sqr(i: Integer/Real): ArgumentTyp;

Sqrt

Arithmetische Funktion

r := Sqrt(RealAusdruck);
Die Quadratwurzel des Ausdrucks angeben. 4.0 zuweisen:

```
Wurzel := Sqrt(16);
```

FUNCTION Sqrt(r:Real): Real;

SSeg

Speicher-Funktion

i := SSeg;
Die Adresse des Stack-Segments als Inhalt des Prozessor-Registers SS angeben (siehe CSeg).

FUNCTION SSeg: Word;

Str

Transfer-Prozedur

Str(x,s);
Den numerischen Wert von x in einen String umwandeln und in der Variablen s abspeichern. x ist ein beliebiger numerischer Ausdruck und s ist eine STRING-Variable.
Zahl 7000 in String '7000' umwandeln und in s1 ablegen:

```
Str(7000, s1);
```
Zuerst formatieren und dann in s2 den String '7000.66' ablegen:
```
Str(7000.661:8:2, s2);
```

PROCEDURE Str(x: Integer/Real; VAR Zeichenkette: String);

STRING

Datenstruktur

STRING[Maximallänge] bzw. STRING;
Die Datenstruktur String als Zeichenkette (Ziffern, Buchstaben, Sonderzeichen vom Char-Typ) ist mit einer Maximallänge von bis zu 255 Zeichen vereinbar. Bei Fehlen der Längenangabe wird 255 als Standardlänge eingestellt (nicht in Pascal 3.0).
Stringvariable s für maximal 50 Zeichen vereinbaren:
```
VAR s: STRING[50];
```
Datentyp Stri50 zuerst explizit vereinbaren:
```
TYPE Stri50 = STRING[50];
VAR s: Stri50;
```
Direktzugriff auf 6. Zeichen über Indexvariable i:
```
i := 6; WriteLn(s[i]);
```

Succ

Ordinale Funktion

x := Succ(SkalarAusdruck);
Nachfolger (Successor) des Ergebnisses angeben (Umkehrung der Funktion Pred). 'B', -6 und False als Nachfolgewerte ausgeben:
```
WriteLn(Succ('A'), Succ(-7), Succ(True));
```

FUNCTION Succ(x:OrdinalerTyp): TypWieArgument;

Swap

Speicher-Funktion

Swap(IntegerAusdruck / WordAusdruck);
Nieder- und höherwertige Bytes des Ausdrucks austauschen.
```
w := Swap($6789);          {$8967 in Word-Variable w zuweisen}
```

FUNCTION Swap(i: Integer/Word): TypWieArgument;

SwapVectors

Speicher-Prozedur, Dos, 5

Die derzeit belegten Interrupt-Vektoren $00 - $75 und $34 - $3E mit den Werten der globalen Variablen SaveInt00 - SaveInt75 und SaveInt34 - SaveInt3E der Unit System austauschen.

PROCEDURE SwapVectors;

System

Standard-Unit, 4

Sämtliche Standardprozeduren und Standardfunktionen sind in der Unit System vereinbart. Diese Unit wird automatisch als äußerster Block in jedes Programm aufgenommen. Eine Anweisung wie "USES System" ist weder erforderlich noch zulässig. Die übrigen Standard-Units Crt, Dos, Graph3, Printer, Turbo3, Graph und Overlay sind - bei Bedarf - jeweils mit USES zu aktivieren.

Ab Version 5.0 sind in der Unit System zusätzlich folgende globalen Variablen für Overlays und den 8087-Emulator verfügbar.

```
OvrCodeList: Word=0;           CSeg-Liste der Overlay-Verwaltung
OvrHeapSize: Word=0;           Größe des Overlay-Puffers
OvrDebugPtr: Pointer=NIL;      Anfangspunkt für den Debugger
OvrHeapOrg: Word=0;            Startadresse des Overlay-Puffers
OvrHeapPtr: Word=0;            Aktuelle Spitze des Overlay-Puffers
OvrHeapEnd: Word=0;            Obergrenze des Puffers
OvrLoadList: Word=0;           Liste der geladenen Segmente
OvrDosHandle: Word=0;          Handle der OVR-Datei
OvrEMSHandle: Word=0;          Handle für OvrInitEMS
```

Variablen zur dynamischen Verwaltung des Heaps:

```
HeapOrg: Pointer=NIL;          Start des Heaps (OvrSetBuf verschiebt)
HeapPtr: Pointer=NIL;          Aktuelle Spitze des Heaps
FreePtr: Pointer=NIL;          Start der Fragmentliste (bis 5.5)
FreeMin: Word=0;               Minimalgröße Fragmentliste (bis 5.5)
HeapError: Pointer=NIL;        Zur Benutzer-Fehlerbehandlung
FreeList: Pointer = NIL;       Erstes Fragment der Fragmentliste
FreeZero: Word = 0;            ... muß null sein
```

Variablen für Programmende bzw. -rückführung:

```
ExitProc: Pointer = NIL;       zuletzt verwendete Exit-Prozedur
ExitCode: Integer = 0;         Exitcode des Programms
ErrorAddr: Pointer = NIL;      Adresse eines Laufzeitfehlers
```

Variablen zur Definition eigener Exit-Prozeduren:

```
PrefixSeg: Word=0;             Programmsegmentpräfix-Segmentadresse
StackLimit: Word=0;            Untergrenze des Stack (ab 5.0)
InOutRes: Integer=0;           Status für IOResult (ab Version 5.0)
```

Verschiedene Variablen:

```
RandSeed: LongInt = 0;         Startwert für Zufallszahlengenerator
FileMode: Byte=2;              Startmodus zum Öffnen von Dateien
Test8087: Byte=0;              Prüfergebnis "mit {$N+} compiliert"
```

Automatisch geöffnete Standarddateien:

```
Input: Text;                   Standardeingabe für die Tastatur
Ouput: Text;                   Standardausgabe für den Bildschirm
```

Globale Zeigervariablen, in denen System Original-Interruptvektoren speichert:

```
SaveInt00: Pointer;      Vektor $00 - Division durch 0
SaveInt02: Pointer;      Vektor $02 - NMI
SaveInt1B: Pointer;      Vektor $1B - Strg-Break
SaveInt23: Pointer;      Vektor $23 - Strg-C
SaveInt24: Pointer;      Vektor $24 - Critical Error
SaveInt75: Pointer;      Vektor $75 - Gleitkommafehler
```

Vektoren, die beim Compilieren mit {$N+} neu gespeichert werden (ab 5.0):

```
SaveInt34:Pointer; SaveInt35:Pointer; SaveInt36:Pointer;
SaveInt37:Pointer; SaveInt38:Pointer; SaveInt39:Pointer;
SaveInt3A:Pointer; SaveInt3B:Pointer; SaveInt3C:Pointer;
SaveInt3D:Pointer; SaveInt3E:Pointer;
```

Neue öffentliche Variablen ab 5.0:

```
StackLimit: Word = 0;          {Stack Pointer}
InOutRes: Integer = 0;         {IOResult-Wert nun direkt abfragbar}
Test8087: Byte = 0;            {Ergebnis des 8087-Tests}
```

≡ bzw. System

Menü-Befehl, 6

Drei Befehle informieren über das Turbo Pascal-System:

About...	Über Version und Copyright informieren
Refresh display	Den Bildschirm neu aufbauen
Clear desktop	Alle Fenster schließen und Infos löschen

Text

Datenstruktur

VAR Dateiname: Text;
Der Standard-Dateityp Text kennzeichnet eine Datei mit zeilenweise angeordneten Strings (siehe auch Dateitypen FILE und FILE OF). Die Textzeile als Dateikomponente wird durch Return, ASCII-Code 13, ASCII-Code 10 bzw. eine CRLF-Sequenz abgeschlossen. Standard-Prozeduren sind Append, Assign, Flush, Read, ReadLn, Reset, Rewrite, SetTextBuf, Write und WriteLn. Standard-Funktionen sind EoF, EoLn, SeekEoF und SeekEoLn.

TextAttr

E/A-Variable, Crt, 4

VAR TextAttr: Byte;
Das durch TextColor bzw. TextBackground gesetzte Attribut für Textzeichen bereitstellen. Die Anordnung der Bits 7-0 in TextAttr ist "Bhhhvvvv" (B = Blinken, hhh = Hintergrundfarbe 0-7 und vvvv = Vordergrundfarbe 0-15). Rote Zeichen auf gelbem Hintergrund blinken lassen:

```
TextAttr := Red + Yellow*16 + Blink;
```

TextBackground

E/A-Prozedur, Crt

TextBackground(FarbNummer);
Texthintergrundfarbe in einer der dunklen Farben 0-7 festlegen. Identische Befehle zum Einstellen von Rot:

```
TextBackground(Red); TextBackground(4);
```

PROCEDURE TextBackground(Farbe: Byte);

TextColor

E/A-Prozedur, Crt

TextColor(Farbe);
Eine von 16 Farben 0-15 (siehe Unit Crt) für die Textzeichen einstellen. Blink hat den Wert 128 (in Pascal 3.0 ist Blink=16; aus Kompatibilitätsgründen wird das Blink-Bit gesetzt, sobald als Farbe ein Wert über 15 festgestellt wird). Identische Aufrufe für die hellblaue Farbe:

```
TextColor(9); TextColor(LightBlue);
```

Standard-Konstante Blink läßt die Zeichen blinken:

```
TextColor(LightBlue + Blink);
```

Identische Aufrufe für weiß blinkende Zeichen:

```
TextColor(31); TextColor(47);
```

PROCEDURE TextColor(Farbe: Integer);

TextHeight

Grafik-Funktion, Graph, 4

Höhe eines Textstrings in Pixel angeben (Ergebnis 8 bei Standard-Zeichensatz und Vergrößerungsfaktor 1 (8*8 Pixel), Ergebnis 16 bei Vergrößerungsfaktor 2, usw.).

FUNCTION TextHeight(Zeichen: STRING): Word;

TextMode

E/A-Prozedur, Crt

TextMode(BildschirmModus);
Einen bestimmten Textmodus einstellen (BW40, BW80, C40, C80, Mono und LastMode, siehe Unit Crt), wobei der Bildschirm gelöscht und die Variablen DirectVideo und CheckSnow auf True gesetzt werden. Abweichungen in Pascal 3.0: Anstelle von Text-Mode-(LastMode) ist TextMode (parameterlos) aufzurufen. Anstelle des Word-Typs ist der Integer-Typ vorgesehen. Vor Beenden eines Grafikprogramms sollte das System auf den 80-Zeichen-Textmodus zurückgesetzt werden:

```
TextMode(BW80 + Font8x8);
```

PROCEDURE TextMode(Modus: Word);

TextWidth

Grafik-Funktion, Graph, 4

w := TextWidth(Zeichenkette);
Die Breite eines Textstrings angeben (siehe TextHeight).

FUNCTION TextWidth(Zeichen: STRING) : Word;

Trm

Geräte-Datei, 3

Terminal als Ausgabeeinheit ohne Interpretation einstellen.

```
WriteLn(Trm,'Test ausgeben');
```

True

Standard-Konstante

b := True;
Mit True (wahr) vordefinierte Boolean-Konstante. Siehe False.

Trunc

Transfer-Funktion

i := Trunc(RealAusdruck);
Den ganzzahligen Teil angeben, d.h. die nächstgrößere Zahl (Ausdruck positiv) bzw. nächstkleinere Zahl (Ausdruck negativ). Trunc schneidet ab. Bildschirmausgabe der ganzen Zahlen -3 und 10000:

```
Write(Trunc(-3.9),' ',Trunc(9999));
```

FUNCTION Trunc(r:Real): LongInt;

Truncate

Datei-Prozedur

Truncate(Dateivariable);
Eine Datei an der Position des Dateizeigers abschneiden. Alle Sätze hinter dieser Position gehen verloren. Die Datei TelFil verkleinern:

```
Truncate(TelFil);
```

PROCEDURE Truncate(f: File);

TURBO

System starten, 6

turbo [Parameter] Dateiname
Beim Starten von Turbo Pascal kann man folgende *Kommandozeilen-Parameter* durch Leerzeichen getrennt angeben (Pluszeichen

"+" oder Leerzeichen " " zum Einschalten der Option, Minuszeichen "-" nach der Option zum Abschalten):

Parameter:	Standard:	Zweck:
/C	????	Die Konfigurationsdatei (Config) laden
/D	????	Mit zwei Monitoren (Display) arbeiten
/E	/E28	Die Größe des Heap für den Editor ändern
/G	????	Option "Grafikspeicher sichern" an
/L	/L-	Auf das LCD-Display umschalten
/N	/N+	CGA-Bildschirmspeicher-Prüfroutine an
/O	/O112	Den Overlayspeicher einstellen
/P	????	Die Farbpalette zwischenspeichern
/S	????	Einen Zwischenspeicher angeben
/T	/T+	Die Datei TURBO.TPL beim Starten laden
/W	/W32	Die Größe des Heap für Fensterspeicher
/X	/X+	Den EMS-Speicher aktivieren

Turbo3

Standard-Unit, 4

In dieser Unit sind Routinen zusammengefaßt, die die Abwärtskompatibilität von Pascal 6.0, 5.5, 5.0 und 4.0 zu Pascal 3.0 herstellen.

TURBO.COM

Turbo-Datei, 3

Entwicklungsumgebung von Turbo Pascal in Version 3.0.

TURBO.EXE

Turbo-Datei, 4

Integrierte Entwicklungsumgebung von Turbo Pascal ab Version 4.0. Folgende Minimalkonfiguration ist angezeigt:
Systemdiskette mit TURBO.EXE, TURBO.TPL (Unit-Bibliothek mit den Standard-Units System, Dos, Crt, Printer, Graph, Overlay (ab 5.0), Turbo3 und Graph3), INSTALL.EXE (ab 5.0) bzw. TINST.EXE (4.0).
Arbeitsdiskette mit den Dateien TURBO.HLP (Hilfe-Texte), GRAPH.TPU (Unit Graph) und Benutzerprogrammen.

TURBO.TPL

Turbo-Datei, 4

Diese Datei wird bei jedem Start der integrierten Entwicklungsumgebung (TURBO.EXE) wie Kommandozeilen-Version (TPC.EXE) automatisch geladen, um die Standard-Units bereitzustellen. Mit Ausnahme der Unit System müssen diese durch eine USES-Anweisung aktiviert werden (z.B. USES Crt). TURBO.TPL (Turbo Pascal Library) sollte im gleichen Verzeichnis wie TURBO.EXE gespeichert sein.

TYPE

Reserviertes Wort

TYPE Datentypname = Datentyp;
Mit TYPE werden der Wertebereich und die Operationen für Variable bzw. Objekt festgelegt. Sechs Klassen von Datentypnamen:

1. Einfache Datentypen: Ordinal (Boolean, Byte, Char, Integer, LongInt, ShortInt, Word, Aufzähltypen, Teilbereichstypen) oder Real (Real bzw. Comp, Single, Double und Extended).
2. String-Typ: Zeichenkette zwischen 1 und 255 Zeichen.
3. Strukturierte Datentypen: Array-Typ (ARRAY), Mengen-

Typen (SET OF), Datei-Typen (FILE, FILE OF, TEXT), Record-Typen (RECORD).
4. Zeiger-Typen: Dynamische Variablen (^, NIL). Siehe New.
5. Prozedur-Typen: Prozedurvariablen (PROCEDURE, FUNCTION). Siehe TYPE.
6. Objekt-Typen: Daten und Methoden (OBJECT).

Benutzerdefinierte Datentypen:
Ergänzend zu den vordefinierten Standard-Datentypen Byte, Boolean, Char, Integer (ShortInt, LongInt, Word) und Real (Single, Double, Extended, Comp) kann man über TYPE eigene Datentypen vereinbaren (benutzerdefinierte Typen). Vier Möglichkeiten:
1. Umbenennen (den vordefinierten Datentyp Integer umbenennen):
```
TYPE GanzeZahl = Integer;
```
2. Abkürzen (Umsatztyp und Variablen dieses Typ vereinbaren):
```
TYPE Umsatztyp = ARRAY[1..31] OF Real;
VAR USued, UNord, UWest: Umsatztyp;
```
3. Einen zusätzlichen Datentyp durch Aufzählung definieren:
```
TYPE Tag = (Mo,Di,Mi,Don,Fr,Sa,So);          {7 Elemente aufzählen}
```
4. Einen zusätzlichen Datentyp durch Teilbereichsangabe definieren:
```
TYPE Artikelnummer = 1000..1700;           {Teilbereich von Integer}
```

TYPE

Reserviertes Wort, 5

TYPE Prozedurtypname = PROCEDURE[(Parameter)];
TYPE Prozedurtypname = FUNCTION[Parameter)]: Typname;
Anzahl, Typen und Reihenfolge der Parameter für Routinen vereinbaren, die später als Prozedur-Variablen verarbeitet werden. Besonderheit bei der Typvereinbarung: Hinter PROCEDURE bzw. FUNCTION wird kein Name angegeben. In der Prozedur-Variable gespeichert:
1. Die Startadresse der Routine (Prozedur, Funktion).
2. Anzahl, Typen und Reihenfolge der Parameter sowie Funktionsergebnistyp als Information für den Compiler.

Prozedur-Variablen kann man (wie normale Variablen) als Parameter übergeben (programmgesteuerter Aufrufen von Routinen möglich).

Beispielprogramm DemoPro1: Die Prozedurvariable T enthält (wie ein normaler Zeiger auch) eine Adresse und belegt vier Bytes RAM.

```
PROGRAM DemoPro1;
  {Prozedurtyp TauschProz, Prozedurvariable T, Prozedur Tausch}
TYPE
  TauschProz = PROCEDURE(VAR a,b:Integer);     {1. Prozedurtyp ver.}
VAR
  T:     TauschProz;                      {2. Prozedurvariable vereinb.}
  i1,i2: Integer;       {2 "normale" Variablen}

PROCEDURE Tausch(VAR x,y:Integer); FAR;       {3. Prozedur ver.}
VAR
  Hilf: Integer;
BEGIN
  Hilf:=x; x:=y; y:=Hilf;
END;

BEGIN
  i1:=3; i2:=99;
  Tausch(i1,i2);             {Prozedur Tausch aufrufen}
  WriteLn(i1,' ',i2);
  T := Tausch;                            {4. Prozedurvariable zuweisen}
  T(i1,i2);                  {identisch zu Tausch-Aufruf}
  WriteLn(i1,' ',i2);
  WriteLn('Programmende DemoPro1.');
END.
```

```
99 3
 3 99
Programmende DemoPro1.
```

UNIT

Reserviertes Wort, 4

Das Wort PROGRAM markiert den Anfang eines Programms als Folge von Anweisungen. Das Wort UNIT markiert den Anfang einer Unit als besondere Programmform. Eine Unit ist eine Bibliothek von Vereinbarungen, die getrennt compiliert ist und bei Bedarf in ein Programm aufgenommen und benutzt werden kann. Es gibt zwei Typen von Units: Standard-Units, die in der Datei TURBO.TPL bereitgestellt werden, und benutzerdefinierte Units. Beide Typen sind identisch aufgebaut. Eine Unit besteht aus den drei Teilen Interface, Implementation und Initialisierung:

```
UNIT NameDerUnit;
  INTERFACE
    USES Liste der benutzten Units;   {optional}
    {öffentliche Vereinbarungen}
  IMPLEMENTATION
    {nicht-öffentliche Vereinbarungen}
BEGIN
  {Initialisierung}
END.
```

Vereinbarung einer benutzerdefinierten Unit DemoLib:

```
UNIT DemoLib:
INTERFACE
  PROCEDURE Zweifach(VAR Zahl: Integer);
  FUNCTION Kleiner(z:Integer): Integer;

IMPLEMENTATION
  PROCEDURE Zweifach;
  BEGIN
    Zahl := Zahl * 2;
    WriteLn('Zweifach: ',Zahl);
  END;
  FUNCTION Dreifach;
  CONST d = 3
  BEGIN
    Dreifach := z * d;
  END;
  {Initialisierungs-Teil ist leer}
END.
```

Benutzung der in Unit DemoLib vereinbarten Routinen:

```
PROGRAM Zahlen1;
USES DemoLib;
VAR x: Integer;
BEGIN
  Write('Eine Zahl? '); ReadLn(x);
  Zweifach(x);
  WriteLn('... und nun verdreifacht: ',Dreifach(x));
END.
```

UnPackTime

Datum-Prozedur, Dos, 4

UnPackTime(Zeit,DatumAlsRecord);
Datum und Uhrzeit aus einem (von GetFTime, PackTime, FindFirst und FindNext erzeugten) gepackten Format in einen Record vom Typ DateTime umwandeln (DateTimeTyp siehe PackTime).

PROCEDURE UnPackTime(Z:LongInt; VAR D:DateTime);

UNTIL

Reserviertes Wort

REPEAT ... UNTIL ...;
Anweisungsblock der Schleife REPEAT-UNTIL beenden. Siehe REPEAT.

UpCase

String-Funktion

c := UpCase(Zeichen);
Das angegebene Zeichen in Großschreibung umwandeln. Alle Zeichen des Strings Buchstaben in Großschreibung:

```
FOR Ind := 1 TO Length(Buchstaben) DO
  Buchstaben[Ind] := UpCase(Buchstaben[Ind]);
```

FUNCTION UpCase(c: Char): Char;

USES

Anweisung, 4

USES UnitName1 [,UnitName2];
Eine oder mehrere Units in einem Programm benutzen. Wird keine USES-Anweisung angegeben, so wird nur die Unit System in das Programm eingebunden. Zwei Units aktivieren:

```
USES Crt, Turbo3;
```

Bei mehrfach vereinbarten Bezeichnern werden diese durch Voranstellen des Unitnamens mit "." qualifiziert (siehe "."):

```
KeyPressed;              {Prozedur einer Benutzer-Unit}
Turbo3.KeyPressed;       {Prozedur der Unit Turbo3}
```

Der Compiler sucht nach der mit USES angegebenen Unit in ...:

1. den residenten Units, die beim Systemstart automatisch aus der Datei TURBO.TPL geladen werden.
2. einer TPU-Datei im derzeit aktuellen Verzeichnis.
3. einer TPU-Datei in dem mit Options/Directories/Unit Directories bzw. mit {$U Dateiname} gesetzten Pfad.

```
USES umsatz1;                  {Unit Umsatz1 in TURBO.TPL suchen}
USES {$U firma} umsatz1;       {Unit Umsatz1 in FIRMA.TPU suchen}
USES {$U firma.BIB} umsatz1;   {Unit Umsatz1 in FIRMA.BIB suchen}
```

Usr

Geräte-Datei, 3

I/O-Gerät, über das benutzerdefiniert eine Ausgabe wird.

Val

Transfer-Prozedur

Val(s,x,i);
Einen String s in einen numerischen Wert x umwandeln: s als beliebiger String-Ausdruck. x als Integer-Variable oder Real-Variable. i als Integer-Variable für die Fehlerposition in s.
String '77' in Integer i1 umwandeln mit 0 in Fehler:

```
Val('77',i1,Fehler);
```

String '77.412' in Real r1 umwandeln mit 0 in Fehler:

```
Val('77.412',r1,Fehler);
```

String '9w' nicht umzuwandeln, Position 2 in Fehler:

```
Val('9w',r2,Fehler);
```

Absturzsichere Real-Eingabe nach r9 über Hilfsstring s9:

```
REPEAT
  ReadLn(s9); Val(s9,r9,Fehler);
UNTIL Fehler = 0;
```

PROCEDURE Val(s:String; VAR i,Err:Integer);
PROCEDURE Val(s:String; VAR r: Real; VAR Err:Integer);

VAR

Reserviertes Wort

VAR Variablenname: Datentypname;

Mit VAR wird der Vereinbarungsteil für Variablen eingeleitet. Wie jede Vereinbarung kann auch VAR mehrmals im Quelltext vorkommen. Die Reihenfolge der Vereinbarungen VAR, LABEL, CONST, TYPE, PROCEDURE und FUNCTION ist beliebig. Das Zeichen ":" trennt Variablennamen und Datentypen:

```
VAR
  Endbetrag: Real;
  ZwischensummeDerRechnungen: Real;
  Name: STRING[20];
```

Variablen gleicher Typen in einer Zeile aufzählen:

```
VAR
  Endbetrag, ZwischensummeDerRechnungen: Real;
```

Vision

Unit, 6

Zusätzlich zu den Standard-Units Crt, Dos, Graph, Graph3, Overlay, Printer, System und Turbo3 (bis auf Turbo3, Graph3, Graph in der Datei TURBO.TPL gespeichert) stellt Turbo Pascal 6.0 acht Turbo Vision-Units bereit:

```
App         Objekte (Daten und Methoden) der Anwendungsumgebung
            (Application Framework)
Dialogs     Objekte für Dialogboxen, große sichtbare Elemente
Drivers     Treiber-Routinen für Fehlerbehandlung, Maus, ...
Memory      Routinen zur Speicherkontrolle des Heap
Menus       Objekte zur Menüsteuerung
Objects     Grundlegende Objekt-Definitionen
TextView    Objekte zur Textausgabe im Pull-Down-Menüfenster
Views       Grundelemente der View-Objekte, d.h. der sichtbaren
            Teile von Turbo Vision
```

Mit *Turbo Vision* kann sich der Benutzer eine Oberfläche nach dem SAA-Standard (System Architecture Application) programmieren. *Turbo Vision* ist eine objektorientierte Entwicklungsumgebung, dessen Bibliotheken Daten und Methoden zur Gestaltung von Menüs, Fenstern, Maussteuerung usw. umfassen. Objektorientiert heißt, daß die Prinzipien von Einkapslung, Vererbung und Polymorphismus angewendet werden können.

Hierarchie von TObject:

Der Objekttyp TBackGround ist eine Unterklasse von TView; TBackGround erbt also alle Daten und Methoden (Prozeduren, Funktionen) von TView als Ober- bzw. Ahnenklasse.

```
TObject
├─TCollection──TSortedCollection--TStringCollection
├─TResourceFile                   └─TResourceColl.
├─TStream──────┬─TDosStream───────────TBufStream
├─TStringList  └─TEmsStream
├─TStrListMaker
└─TView────────┬─TCluster─────────┬─TCheckBoxes
               ├─TFrame           └─TRadioButtons
               ├─TGroup───────────┬─TDeskTop
               ├─TBackGround      ├─TProgram──TApplication
               ├─TButton          └─TWindow──┬─TDialog
               ├─TStaticText──────┬─TLabel   └─THistoryWindow
               ├─THistory         └─TParamText
               ├─TListViewer──────┬─THistoryViewer
               ├─TInputLine       └─TListBox
               ├─TMenuView────────┬─TMenuBar
               ├─TScrollBar       └─TMenuBox
               ├─TScroller────────TTextDevice--TTerminal
               └─TStatusLine
```

Bezeichnungen der Views-Hilfebildschirme von *Turbo Vision*:

```
cmXXXX   View-Befehle         sbXXXX   Rollbalkencodes
dmXXXX   DragMode-Masken      sfXXXX   Zustands-Masken
gfXXXX   GrowMode-Masken      wfXXXX   Fenster-Flags
ofXXXX   Option-Masken        wpXXXX   Paletteneinträge
```

VIRTUAL

Direktive, 5.5

PROCEDURE Methode(Parameterliste); VIRTUAL;
Aufrufe der VIRTUAL vereinbarten Methode sind in dieser Klasse und den Unterklassen dynamisch einzubinden; CONSTRUCTOR dient als Initialisierungsprozedur. Siehe OOP.

```
TYPE
  Klasse = OBJECT
           ...;
           CONSTRUCTOR Prozedurname;        {initialisiert}
           PROCEDURE/FUNCTION(Liste); VIRTUAL;
         END;
```

VIRTUAL macht eine Methode zur virtuellen Methode:
Der Aufruf einer virtuellen Methode wir zur Lafzeit ermittelt - im Gegensatz zur statischen Methode, deren Aufruf bereits zur Übersetzungszeit aufgelöst wird. Aufgrund dieser Laufzeitbindung können Methoden gleichen Namens an verschiedenen Stellen in der Objekthierarchie unterschiedlich vereinbart sein.

WhereX

E/A-Funktion, Crt

SpaltenNr := WhereX;
Relativ zum aktiven Fenster die Spaltennummer angeben, in der sich der Cursor befindet.

```
WriteLn('Cursor in Spalte ',WhereX);
```

FUNCTION WhereX: Byte ;

WhereY

E/A-Funktion, Crt

ZeilenNr := WhereY;
Relativ zum aktiven Fenster die Zeilennummer angeben, in der sich der Cursor befindet.

FUNCTION WhereY: Byte;

WHILE-DO

Anweisung

WHILE BooleanAusdruck DO
Anweisung;
Eine abweisende Wiederholungsstruktur kontrollieren: Die Anweisung (ggf. Block) ausführen, solange die Auswertung des Booleschen Ausdrucks den Wert True ergibt. Ist der Ausdruck beim Schleifeneintritt False, wird der Anweisungsblock nie ausgeführt (kopfgesteuerte Schleife). Siehe REPEAT als fußgesteuerte Schleife.

Eingabe des Benutzers beendet die Wiederholung **(offene Schleife)**:

```
Write('Zahl (999 = Ende)? ');   {vor Schleife: Eingabe Endesignal}
ReadLn(Zahl)
WHILE Zahl <> 999 DO            {in Schleifenbedingung: Endesignal?}
BEGIN
  ...;
  Write('Zahl (999 = Ende)? '); {am Ende des Schleifendurchlaufs:}
  ReadLn(Zahl);                 {Eingabe Endesignal}
END; {von WHILE}
```

Die Zahlen 1,2,...,50 aufsummieren **(geschlossene Schleife)**:

```
Summe := 0; i := 0;             {vor Schleife: i initialisieren}
WHILE i < 50 DO                 {in Schleifenbedingung: i abfragen}
BEGIN
  i := i + 1;                   {beim Schleifendurchlauf: i erhöhen}
  Summe := Summe + i;
END;
```

WindMax

E/A-Variable, Crt, 4

Die Koordinaten der rechten unteren Ecke des aktiven Fensters speichern (die Koordinaten werden im Normalfall über Window gesetzt). X steht im niederwertigen und Y im höherwertigen Byte.

```
Write('Unterer Fensterrand: ',Hi(WindMax));
```

VAR WindMax: Word;

WindMin

E/A-Variable, Crt, 4

Die Koordinaten der linken oberen Fensterecke angeben.

```
Write('Linker Fensterrand: ',Lo(WindMin));
```

VAR WindMin: Word;

Window

E/A-Prozedur, Crt, 4

Window(x1,y1, x2,y2);
Ein Textfenster mit (x1,y1) für die linke obere und (x2,y2) für die rechte untere Ecke einrichten und den Cursor in die Home-Position (1,1) setzen. Der gesamte Bildschirm ist als aktives Fenster voreingestellt:

```
Window(1,1,80,25);
```

PROCEDURE Window(x1,y1,x2,y2: Byte);

Window

Menü-Befehl, 6

Menü zum Fenster-Management ab Version 6.0.

Menüpunkt	Taste	Bedeutung
Size/Move	Ctrl-F5	Ausdehnung/Placierung des Fensters
Zoom	F5	Maximalgröße für aktives Fenster
Tile		Fenster nebeneinander anordnen
Cascade		Fenster überlappt anordnen
Next	F6	Das nächste Fenster aktivieren
Previous	Shift-F6	Das vorhergehende Fenster aktivieren
Close	Alt-F3	Das aktive Fenster schließen
Watch		Ein Watch-Fenster öffnen
Register		Das Register-Fenster öffnen (8086-CPU)
Output		Das Output-Fenster öffnen
Call stack	Ctrl-F3	Kette der gerufenen Prozeduren anzeigen
User screen	Alt-F5	Zum Benutzer-Bildschirm umschalten
List...	Alt-0	Namen der offenen Fenster auflisten

Grundlegende Bestandteile eines Fensters:

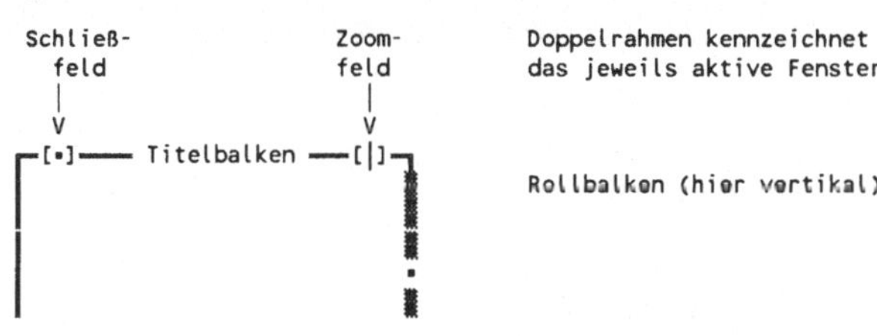

- Titelbalken: Oberster horizontaler Balken eines Fensters mit dem Fensternamen. Durch doppeltes Anklicken kann man das Fenster zoomen oder verschieben.

- Schließfeld: Zum raschen Schließen das Kästchen im oberen linken Eck des Fensters anklicken.
- Rollbalken: Horizontal oder vertikal angeordnet; zeigt dem Benutzer an, wo er sich in der Datei befindet. Den Pfeil an einem Ende anklicken, um die nächste Zeile zu lesen. Bleibt die Maustaste gedrückt, rollt der Bildschirminhalt kontinuierlich weiter. Durch Anklicken der inversen Teile des Balkens wird jeweils eine Seite weiter geblättert.
  Ziehen Sie mit der Maus die Positionsmarkierung an die Position im Rollbalken, an die das Fenster (relativ zum gesamten Inhalt) positioniert werden soll.
- Feld zum Einstellen der Größe: Einfacher Rahmen in der unteren rechten Ecke. Das Fenster läßt sich an jeder Ecke vergrößern oder verkleinern.
- Zoom-Feld in der oberen rechten Ecke: Fenster durch Anklicken des Pfeils nach oben vergrößern. Fenster durch Anklicken des doppelten Pfeils von der vollen Größe zur vorherigen Größe verkleinern.

WITH

Anweisung

WITH RECORD-Variable
DO Anweisung;

Den Zugriff auf RECORD-Komponenten nur über den Komponentennamen (also ohne den durch das Zeichen "." getrennten Namen der RECORD-Variablen) vornehmen. Die folgenden beiden Zuweisungen bewirken dasselbe:

```
TelRec.Name := 'Hild';
WITH TelRec DO Name := 'Hild';
```

Word

Standard-Datentyp, 4

Neben ShortInt, Integer, LongInt und Byte zählt Word zu den Integer-Typen (Wertebereich 0..65535, 16-Bit-Format ohne Vorzeichen). Siehe Integer.

Write

Datei-Prozedur

Write(Dateivariable,Datensatzvariable);

Auf eine Datei mit konstanter Datensatzlänge schreibend in zwei Schritten zugreifen: 1. Datensatz vom RAM auf die Diskettendatei schreiben. 2. Dateizeiger um eine Position erhöhen. Den in der Datensatzvariablen TelRec abgelegten Datensatz an die Position auf Diskette speichern, auf die der Dateizeiger gerade zeigt:

```
Write(TelFil,TelRec);
```

PROCEDURE Write(VAR f: FILE OF Datensatztyp, v);

Write(Dateivariable,Var1,Var2,...);

Auf eine Datei mit variabler Datensatzlänge schreibend in zwei Schritten zugreifen: 1. Den Inhalt der Variablen Var1, Var2, ... als nächste Einträge auf Diskette speichern. 2. Dateizeiger um die entsprechende Anzahl erhöhen. Den Inhalt von Name, Summe und Datum als die nächsten drei Einträge auf Diskette speichern:

```
Write(NotizFil,Name,Summe,Datum);
```

PROCEDURE Write(VAR f, v1 [,v2,...,vn]); *FILE*
PROCEDURE Write([VAR f:Text;] v1 [,v2,...,vn]); *Text*

Write

E/A-Prozedur

Write(Ausgabeliste);
Wie WriteLn, aber ohne Zeilenschaltung CRLF am Ende.

PROCEDURE Write([VAR f:Text,] b:Boolean);
PROCEDURE Write([VAR f:Text,] c:Char);
PROCEDURE Write([VAR f:Text,] i:Integer);
PROCEDURE Write([VAR f:Text,] r:Real);
PROCEDURE Write([VAR f:Text,] s:String);

WriteLn

E/A-Prozedur

WriteLn(Ausgabeliste);
Die in der Ausgabeliste mit "," aufgezählten Daten am Bildschirm ausgeben. Die Ausgabeliste kann Konstanten, Variablen, Ausdrücke und Funktionsaufrufe enthalten. Werte von drei Variablen nebeneinander ausgeben:

```
WriteLn(Nummer,Name,Umsatz);
```

Werte von drei Variablen mit Leerstelle getrennt:

```
WriteLn(Nummer,' ',Name,' ',Umsatz);
```

Stringkonstanten und ein Funktionsergebnis ausgeben:

```
WriteLn('Ergebnis: ',Summe(r1+r2):10:2,' DM.');
```

Zeilenschaltung CRLF und dann dreimal die Glocke ausgeben:

```
WriteLn; Write(^G^G^G);
```

Integer-Wert formatieren (10 Stellen rechtsbündig):

```
WriteLn(Nummer:10);
```

Real-Wert formatieren (8 Stellen gesamt, 2 Stellen hinter dem "." (der "." belegt auch eine Stelle):

```
WriteLn(Umsatz:8:2);
```

PROCEDURE WriteLn[([VAR f:File,] ... siehe Write ...)];

WriteLn

E/A-Prozedur, Printer

WriteLn(Lst,DruckAusgabeliste);
Daten gemäß der DruckAusgabeliste ausdrucken (Anweisung Write (ohne Zeilenschaltung) entsprechend). Ein Wort mit doppelter Zeilenschaltung drucken:

```
USES Printer;
BEGIN WriteLn(Lst, 'griffbereit'); WriteLn(Lst); ...
```

PROCEDURE WriteLn(Lst, ... siehe Write ...);

XOR

Arithmetischer Operator

i := IntegerAusdruck XOR IntegerAusdruck;
Ganzzahlige Ausdrücke mit "exklusiv ODER" bitweise so verknüpfen, daß nur bei gleichen Bits das Ergebnisbit gelöscht wird.
Zahl 8 nach i7 zuweisen (1110 XOR 0110 ergibt 1000):

```
i7 := 14 XOR 6;
```

XOR

Logischer Operator

b := BooleanAusdruck XOR BooleanAusdruck;
Boolesche Ausdrücke mit "exklusiv ODER" verknüpfen:

```
True  XOR True    ergibt   False
True  XOR False   ergibt   True
False XOR True    ergibt   True
False XOR False   ergibt   False
```

4 ASCII-Code

NUL	SOH	STX	EXT	EOT	ENQ	ACK	BEL	BS	HT	LF	VT	FF	CR	SO	SI
00	01	02	03	04	05	06	07	08	09	10	11	12	13	14	15
00	01	02	03	04	05	06	07	08	09	0A	0B	0C	0D	0E	0F
DLE	DC1	DC2	DC3	DC4	NAK	SYN	ETB	CAN	EM	SUB	ESC	FS	GS	RS	US
16	17	18	19	20	21	22	23	24	25	26	27	28	29	30	31
10	11	12	13	14	15	16	17	18	19	1A	1B	1C	1D	1E	1F
	!	"	#	$	%	&	'	(	)	*	+	,	-	.	/
32	33	34	35	36	37	38	39	40	41	42	43	44	45	46	47
20	21	22	23	24	25	26	27	28	29	2A	2B	2C	2D	2E	2F
0	1	2	3	4	5	6	7	8	9	:	;	<	=	>	?
48	49	50	51	52	53	54	55	56	57	58	59	60	61	62	63
30	31	32	33	34	35	36	37	38	39	3A	3B	3C	3D	3E	3F
@	A	B	C	D	E	F	G	H	I	J	K	L	M	N	O
64	65	66	67	68	69	70	71	72	73	74	75	76	77	78	79
40	41	42	43	44	45	46	47	48	49	4A	4B	4C	4D	4E	4F
P	Q	R	S	T	U	V	W	X	Y	Z	[	\	]	^	_
80	81	82	83	84	85	86	87	88	89	90	91	92	93	94	95
50	51	52	53	54	55	56	57	58	59	5A	5B	5C	5D	5E	5F
`	a	b	c	d	e	f	g	h	i	j	k	l	m	n	o
96	97	98	99	100	101	102	103	104	105	106	107	108	109	110	111
60	61	62	63	64	65	66	67	68	69	6A	6B	6C	6D	6E	6F
p	q	r	s	t	u	v	w	x	y	z	{	|	}	~	⌂
112	113	114	115	116	117	118	119	120	121	122	123	124	125	126	127
70	71	72	73	74	75	76	77	78	79	7A	7B	7C	7D	7E	7F

Ç	ü	é	â	ä	à	å	ç	ê	ë	è	ï	î	ì	Ä	Å
128	129	130	131	132	133	134	135	136	137	138	139	140	141	142	143
80	81	82	83	84	85	86	87	88	89	8A	8B	8C	8D	8E	8F
É	æ	Æ	ô	ö	ò	û	ù	ÿ	Ö	Ü	¢	£	¥	₧	ƒ
144	145	146	147	148	149	150	151	152	153	154	155	156	157	158	159
90	91	92	93	94	95	96	97	98	99	9A	9B	9C	9D	9E	9F
á	í	ó	ú	ñ	Ñ	ª	º	¿	⌐	¬	½	¼	¡	«	»
160	161	162	163	164	165	166	167	168	169	170	171	172	173	174	175
A0	A1	A2	A3	A4	A5	A6	A7	A8	A9	AA	AB	AC	AD	AE	AF
░	▒	▓	│	┤	╡	╢	╖	╕	╣	║	╗	╝	╜	╛	┐
176	177	178	179	180	181	182	183	184	185	186	187	188	189	190	191
B0	B1	B2	B3	B4	B5	B6	B7	B8	B9	BA	BB	BC	BD	BE	BF
└	┴	┬	├	─	┼	╞	╟	╚	╔	╩	╦	╠	═	╬	╧
192	193	194	195	196	197	198	199	200	201	202	203	204	205	206	207
C0	C1	C2	C3	C4	C5	C6	C7	C8	C9	CA	CB	CC	CD	CE	CF
╨	╤	╥	╙	╘	╒	╓	╫	╪	┘	┌	█	▄	▌	▐	▀
208	209	210	211	212	213	214	215	216	217	218	219	220	221	222	223
D0	D1	D2	D3	D4	D5	D6	D7	D8	D9	DA	DB	DC	DD	DE	DF
α	ß	Γ	π	Σ	σ	µ	τ	Φ	Θ	Ω	δ	∞	φ	ε	∩
224	225	226	227	228	229	230	231	232	233	234	235	236	237	238	239
E0	E1	E2	E3	E4	E5	E6	E7	E8	E9	EA	EB	EC	ED	EE	EF
≡	±	≥	≤	⌠	⌡	÷	≈	°	·	.	√	ⁿ	²	■	
240	241	242	243	244	245	246	247	248	249	250	251	252	253	254	255
F0	F1	F2	F3	F4	F5	F6	F7	F8	F9	FA	FB	FC	FD	FE	FF